Norden und Leipzig

Korrespondenzblatt des Vereins für Niederdeutsche Sprachforschung

Jahrgang 1894/95 Heft XVIII

Norden und Leipzig

Korrespondenzblatt des Vereins für Niederdeutsche Sprachforschung
Jahrgang 1894/95 Heft XVIII

ISBN/EAN: 9783741173370

Hergestellt in Europa, USA, Kanada, Australien, Japan

Cover: Foto ©Andreas Hilbeck / pixelio.de

Manufactured and distributed by brebook publishing software
(www.brebook.com)

Norden und Leipzig

Korrespondenzblatt des Vereins für Niederdeutsche Sprachforschung

KORRESPONDENZBLATT

DES VEREINS

FÜR NIEDERDEUTSCHE SPRACHFORSCHUNG.

HERAUSGEGEBEN

IM AUFTRAGE DES VORSTANDES.

JAHRGANG 1894/1895.
HEFT XVIII.

HAMBURG.
NORDEN & LEIPZIG. DIEDR. SOLTAU. 1896.

Verzeichniss der Mitarbeiter

am achtzehnten Jahrgange des Korrespondenzblattes.

F. Bachmann.
J. Bolte.
H. Carstens.
F. Crull.
E. Damköhler.
P. Eickhoff.
K. Euling.
F. Fabricius.
R. Ferber.
J. Franck.
O. Glöde.
W. Grevel.
Hille.
L. Hölscher.
A. Hofmeister.
Holstein.
H. Jellinghaus.
F. Kluge.
K. Koppmann.
E. H. L. Krause.
G. Lugge.
E. Maurmann.
W. H. Mielck.
W. Nathansen.
Oefele.
J. Peters.
Th. Reiche.
F. Sandvoss.
F. Schultz.
C. Schumann.
W. Seelmann.
K. Seitz.
R. Sprenger.
C. H. F. Walther.

Jahrg. 1894/1895. Hamburg. Heft XVIII. № 1.

Korrefpondenzblatt
des Vereins
für niederdeutfche Sprachforfchung.

I. Kundgebungen des Vorftandes.

1. Jahresverfammlung 1895.

In hergebrachter Verbindung mit dem Vereine für hanfifche Gefchichte wird unfere Jahresverfammlung in

Bielefeld

am 4. und 5. Juni ftattfinden.

Der Vorftand ladet alle Mitglieder freundlich und dringend ein, fich an derfelben zu betheiligen.

Anmeldungen von Vorträgen, Mitteilungen und Anträgen bittet der Vorftand an den Vorfitzenden des Vereins, Herrn Profeffor Dr. Al. Reifferfcheid in Greifswald zu richten.

2. Veränderungen im Mitgliederftande.

Dem Vereine find beigetreten:

Dr. phil. Th. Zincke, Profeffor, Marburg a. d. Lahn.
Wollefen, Paftor, Werben a. d. Elbe.
Dr. phil. R. Meifsner, Göttingen, Bühlftrafse 30.
Dr. phil. K. H. Bojunga, Candidat des höheren Schulamts, Leer.
A. Fr. Kirchhoff, Candidat des höheren Schulamts, Leer.
H. S. A. Heye, Candidat des höheren Schulamts, Leer.
B. Gafter, Gymnafiallehrer, Stargard i. Pommern.
Dr. phil. A. Schöne, Gymnafialdirektor, Greifswald.
Dr. phil. Fr. Schwarz, Gymnafiallehrer, Roftock i. M., Alexandrinenftr. 37.
B. Huben, Buchhändler, Groningen.

Veränderte Adreffen:

Cand. prob. Ernft Hanfen, jetzt Flensburg, Graben 100, II. rechts.
Dr. Ehrismann, bisher Pforzheim, jetzt Heidelberg, Kleinfchmidtftrafse 40.
Dr. W. Begemann, bisher Roftock, jetzt Charlottenburg, Berlinerftr. 82 II.
Senator Dr. Karl Eggers, bisher Berlin, jetzt Roftock i. M.

II. Mitteilungen aus dem Mitgliederkreise.

1. A. Schierenberg.

Am 21. Oktober 1894 entfchlief in Luzern fanft an Altersfchwäche Herr Gotthilf Benjamin Auguft Schierenberg, feit dem Jahre 1877 Mitglied unferes Vereins.

Er wurde am 18. März 1808 als Sohn eines Kaufmanns und Ratsherrn in dem lippischen Städtchen Horn geboren. Bis zum vollendeten 14. Lebensjahre besuchte er die Bürgerschule in Horn, welche ihm auch Unterricht im Lateinischen und Französischen bot. Dann trat er zunächst auf ein Jahr in das väterliche Geschäft. Mit 15 Jahren ging er nach Hannover in die kaufmännische Lehre und blieb dort 4½ Jahre. Seine freien Stunden kaufte er aus, um nicht nur Englisch, Physik und Chemie zu lernen, sondern sich auch im Lateinischen fortzubilden und sogar Griechisch zu treiben. Nach beendigter Lehre wandte er sich nach Bremen, wo er 3½ Jahre in verschiedenen Geschäften arbeitete. Nachdem er im Alter von 23 Jahren das Geschäft des Vaters übernommen hatte, machte er sich bald zuerst als Rentmeister und von 1845—1849 als Bürgermeister durch gewissenhafte und umsichtige Verwaltung um seine Vaterstadt verdient. Mitte der 40er Jahre errichtete er in dem kleinen lippischen Badeorte Meinberg eine Bleiweissfabrik. Nach dem Tode seiner Frau (Charlotte Hotze) führten ihn im Jahre 1853 geschäftliche Unternehmungen nach Amerika. Nach Deutschland zurückgekehrt, verheiratete er sich 1857 zum zweiten male mit Frl. Des Condres, Vorsteherin eines Mädchenpensionats in Frankfurt a. M., 1863 kehrte er nach Meinberg zurück, um sich ganz dem Betriebe der Fabrik zu widmen. Im Jahre 1875, nach dem Tode seiner Frau, bei der er ein reges Verständnis für seine geistigen Bestrebungen gefunden hatte, gab er, sich dort vereinsamt fühlend, seine Fabrik auf, um sich ganz der ihm schon lange lieb gewordenen Altertumskunde zu widmen. Er unternahm zunächst im Winter 1875 eine längere Reise nach Aegypten. Nach vorübergehendem Aufenthalte in Bonn siedelte er nach Frankfurt a. M. über. Als die Beschwerden des Alters sich nahten, zog er sich 1890 nach Luzern zurück, dessen Lage ihm Gelegenheit bot, auf dem Schiffe oder an den Ufern des Sees jeder Zeit die schöne Natur zu geniessen. Auf dem dortigen Gottesacker »Friedenthal« hat er sein Grab gefunden.

Er war ein echter Sohn seiner Heimat, an der er mit grosser Liebe hing. Wenn man vom westfälischen Volkscharakter spricht, so meint man gewöhnlich den münsterländischen. Allein in den östlichen Teilen — etwa in der mittelalterlichen Diöcese Paderborn — herrscht ein ganz anderer, der meines Wissens in unserer schönen Literatur noch keine gute Darstellung gefunden hat, während wir den ersteren z. B. in Levin Schückings Romanen finden. Jener östlich-westfälische Charakter, mit dem — soweit nicht das Königlich-Hannoversche Wesen entgegengewirkt hat — der südhannöversche viel Gemeinsames hat, ist leidenschaftlicher, unruhiger, »fast südlich durchglüht« (wie Annette Droste sagt), im Denken abspringender aber kühner, bei Gefahr oder Angriff zufassender, aber in Trübsalszeiten leicht ganz mutlos. Die Formlosigkeit im Verkehr, die tiefe Abneigung gegen die Phrase bei lyrischer Grundstimmung, die Sparsamkeit bei Neigung zu gutem Leben, hat er mit dem eigentlich westfälischen gemein, aber Grossthun und Prunk ist ihm noch verächtlicher als jenem.

Schierenberg ist mir immer als ein Muster jenes westfälischen Bürgertums erschienen, welches sich aus der Versumpfung der vornapoleonischen und der Armut der Restaurationszeit so erfolgreich erhoben hat. W. H. Riehl hat bei Gelegenheit von Vorträgen, welche er in den 70er Jahren in den rheinisch-westfälischen Städten hielt, sein Erstaunen darüber ausgesprochen, welche Fülle von Intelligenz in dem dortigen Bürgertum stecke. Diese Leute stammten meist aus den Kreisen kleiner Bürger, in denen aber viel mehr Nachdenken und Wahrheitssinn lebte, als in der heutigen Bourgeoisie. Als dann die neue Zeit mit ihren Verkehrsmitteln und Erfindungen kam, erhoben sie sich in den 40er Jahren mit dem sorgfältig gesparten kleinen Gelde rasch zu industriellen Unternehmungen. Ein lebendiger Glaube an Fortschritt und die Notwendigkeit freier Bewegung für jedermann beseelte alle. Offenheit und Freimütigkeit waren weitverbreitete Eigenschaften. Das ganze Wesen berechtigte zu den besten Hoffnungen, hat dann aber einen ernsthaften Stoss erlitten, als um 1860 die materialistische Welle die Söhne jener Generation erreichte, jenen, wie J. Scherr sagt, »broncestirnigen« Realismus zeitigend, in dem alle innere Teilnahme an den höheren Gütern des Lebens untergegangen ist, so dass nun dem so oder so drapierten östlichen Cynismus manche Thür offen steht!

Als einen Zeugen dafür, dass Sch. zu den tüchtigsten Gliedern jener Generation gehörte, darf ich wohl die lippische Landeszeitung anführen, welche ihn einen von den besten Söhnen des Landes nennt und sagt: »Hätte der weltschauende Mann mit dem klaren, klugen Kopfe die nötige Unterstützung zur Durchführung seiner Pläne für das Wohl unseres Landes gefunden, so wäre demselben viel Geld gewonnen. Handel und Verkehr würden ganz anders aufgeblüht sein«.

Sch. war von grosser Unmittelbarkeit und Ursprünglichkeit des Wesens. Dabei eine durchaus heitere, lebensfrohe Natur, einer von den Menschen, die sowohl von den bösen, als von den guten Tagen etwas haben. Die Erfahrungen, die er mit seinen altertumswissenschaftlichen Bestrebungen machte, stellten ihn auf harte Proben. Er war des sicheren Glaubens, dass er die Wahrheit gefunden hätte und fand nun nicht allein Ablehnung, sondern teilweise rohe, plumpe Zurückweisung. Das schmerzte ihn sehr, wie sich aus dem wenige Monate vor seinem Tode geschriebenen Schlusse seiner letzten Schrift, wo er vom Martyrium des Dilettanten redet, ersehen lässt.

Seine Schriften zur deutschen Altertumskunde sind von Mielck im Korrespondenzblatt XVI, S. 47 f. zusammengestellt.

Zu Nr. 1 dort ist der Anhang: Ueber den Ort der Varusschlacht 100 S. 1858 hinzuzufügen. Nachzutragen sind ausser einzelnen Aufsätzen im Korrbl. des Gesammtvereins der Altertumsvereine, in den Verhandlungen der Gesellschaft für Anthropologie und in der Ztschr. f. westfälische Geschichte als Nr. 20: Die Varusschlacht im Teutoburger Engpasse, ihre Veranlassung, ihr Verlauf und der Ort, wo sie stattfand. Nach den glaubwürdigsten Quellen kurz dargestellt. Detmold. Gedr. b. F. Böger 1875. 8°, 16 S.

Nr. 21: Offenes Sendschreiben an Herrn Stadtarchivar Dr. H. Grotefend. 8°. 11 S. o. O. u. J. (1885 gedr. b. Böger in Detmold).

Da Schierenberg glaubte, dass seine Ideen noch einmal zum Siege gelangen würden, so hat er dieselben im letzten Jahre seines Lebens noch einmal zusammengefasst in dem Buche Nr. 22: Die Götter der

Germanen oder vom Eddarauſch der Skandinavier und ihrem Katzenjammer (eine Stimme vom Teutoburger Walde). Detmold. In Kommiſſion in Schenks Buchhandlung (Max Ihle) o. J. (1894) LII u. 224 S. gr. 8°. Die Einleitung beſpricht zunächſt Bugges »Studien« und die Mithrusgrotte im Exterſtein. Verfaſſer reſp. Sammler der Lieder der älteren Edda iſt Sämund, der wahrſcheinlich in Herford erzogen wurde. Die Snorri-Edda und die Saxa-Edda ſind als Werke frommen Betrugs zu betrachten, da ſie verfaſst wurden mit dem Zwecke, die Ueberlieferung durch fremdartige Zuſätze zu verwirren und unkenntlich zu machen. Dagegen verfolgte der Verfaſſer der Völuspa den entgegengeſetzten Zweck: er wollte auf die Nachwelt die Erinnerung bringen, an welche Ereigniſſe und Orte die Heldenſage der Germanen ſich knüpfe. Um ſeine Lieder den Nachſpürungen der Kirche zu entziehen, ſah er ſich veranlaſst, in Bildern und dunklen Ausdrücken zu reden.

Das Buch ſelber behandelt in ſeinem erſten Teile beſonders die Völuspa, Grimnismal und Fiölvinsmal. Der zweite enthält Abhandlungen zur Geſchichte des Exterſteins, über den Namen Germanen, über den Ackerbau der Germanen und über die Kriege der Römer und Cherusker.

Schierenbergs Schriften zerfallen in zwei Gruppen. Die erſte betrifft die Römerkriege. Zu ihr gehört namentlich ſeine beſte: Die Römer im Cheruskerlande. Abgeſehen von ſolchen wunderlichen Einfällen, wie der, den Nerthusſee und die 7 ſueviſchen Völkerſchaften nach Weſtfalen und an den Norderteich in Lippe zu verlegen, ſind ſeine Ausführungen, die mit der Anſicht der Gelehrten des 17. und 18. Jhs. übereinſtimmen, völlig überzeugend: Aliſo liegt bei Ringboke in der Nähe von Elſen, die Pontes longi ſüdlich von Delbrück*, der campus Idiſtaviſus auf der Böhlhorſt bei Minden.

Im Frühjahr 1870 führte ihm der Zufall den Urtext der jüngeren Edda mit einer lateiniſchen Ueberſetzung in die Hände. Er faſste bald die Ueberzeugung, daſs die wichtigſten Lieder der älteren Edda ihrem Inhalte nach aus Sachſen ſtammten. In der erſten Begeiſterung ſchrieb er ſeine Anſichten »kauderwälſch, wie ſie der Geiſt eingegeben« in dem Buche »Deutſchlands Olympia, Vermutungen und Unterſuchungen über die deutſche Götter- und Heldenſage, die wahre Heimat der Eddalieder, ihren Urſprung und ihre Bedeutung« nieder und veröffentlichte es 1875 (Frankfurt bei Jäger) »da er im Alter von 67 Jahren nicht mehr hoffen dürfe, daſs ſein Arbeitstag noch lange währen werde«.

Die Völuspa und die Nibelungenſage beziehen ſich danach auf die Kämpfe der Römer und Karls des Groſsen gegen die ſächſiſchen Germanen. Im Anhang finden ſich die merkwürdigen Abhandlungen: »die Irmenſäule und ihr Götterkreis« und »der Zwölfgötterkreis der Griechen und ſeine Stellung zur Edda«. Nimmt man die ſpätern Schriften, welche dieſe Edda-Hypotheſe weiter ausführen (Die Goldtafeln des Idafeldes 1881, Ariadnefaden für das Labyrinth der Edda 1889 und »die Götter der Germanen« 1894) mit dieſem Buche zuſammen, ſo

*) Der Name des Dorfes bedeutet „Bohlenbrücke". Von thele = Diele, zu ags. thille und thel. Urk. bei Möſer, Werke 8, 341 v. J. 1229 in Thelebrugge. Weſtf. Urkb. 4, 186 (1229): B. de Thelebrugge.

erkennt man bald, dafs hier zunächst niemand folgen konnte. Ich habe die Olympia bald nach ihrem Erscheinen mit Begierde gelesen, weil ich mir nie denken konnte, dafs die Ungereimtheiten, welche alle Eddaübersetzungen bieten, wirklich von solchen nüchternen Menschen, wie es die Skandinavier des 10. oder 12. Jahrhunderts waren, gesagt und niedergeschrieben sein können, zumal da Lieder wie die Vóluspa dann doch wieder den Eindruck hoher, edelster Begeisterung machen und da sie alle von Christen niedergeschrieben sind. Da ich die strenge Logik und Konsequenz der Hypothese, welche z. B. auch Virchow gleich auffiel, erkannte, so legte ich das Buch bei Seite mit dem Verdachte, dafs das Ganze einen wohlüberlegten künstlichen Aufbau bilde. Als ich aber 1884 auf der Flanderfahrt Sch. persönlich kennen lernte, war mir nach der ersten Unterredung klar, dafs er eine anima candida sei. Als ich dann die Vóluspa im Urtexte las, wurde mir gewifs, dafs das, was in ihr dargestellt ist, nicht als in einem Olymp vorgegangen gedacht werde, sondern sich auf bestimmte geschichtliche Ereignisse beziehe.

Ueber die ganze Hypothese mit allen ihren Konsequenzen mafse ich mir bei meiner geringen Kenntnis des Altnordischen kein öffentliches Urteil an. So viel ist aber zu sehen, dafs die Ausleger noch heute in den Bahnen der alten dänischen Erklärer wandeln, welche weniger von der altnordischen Sprache wufsten, als man heute wissen kann. Ist nicht der Spott, den man neulich in einer amerikanischen Zeitung las, wohlberechtigt: »Alle Erklärer haben sich von Snorri Sturlason und den Skalden des 13. Jh. hypnotisieren lassen. Sie haben deren alberne, mitunter scheufslich rohe Auslegung in gutem Glauben acceptiert und müssen nun in der betretenen Bahn bleiben. Seit der grofse Jacob Grimm im Anschlufs an die Erklärung Magnussens dem Loki insinuirt, dafs er ein in Lindenholz gebratenes Frauenherz gegessen und darin einen befruchtenden Stein gefunden, braten alle Edda-Ausleger Frauenherzen«. Segeberg. H. Jellinghaus.

---

2. Die Herkunft von mnd. enket.

Die von J. Peters gewünschte Prüfung der Etymologie, welche er von dem in der Ueberschrift genannten Worte oben XVII, S. 83 f. vorgebracht, führt zu dem Ergebnis, dafs er darin sehr richtig einen Zugehörigen unsers vb. kennen herausgespürt hat. Hingegen hält die Vergleichung mit as. ankennian, antkennian, »anerkennen, erkennen« nicht Stich; dafs ein particip. ankennit auf die unbetonte erste Silbe en- den Ton gezogen haben sollte, wäre ein ganz beispielloser Vorgang. Auf den richtigen Weg würde der Fingerzeig geführt haben, den, wie P. zugleich erwähnt, Tamm in seinem etymol. Wörterbuch der schwed. Sprache gegeben hat. Um jeden weiteren Zweifel abzuschneiden, wollen wir in unserer etymologischen Betrachtung etwas ausführlicher sein. Das genannte Wort könnte seinen Lauten nach an sich auf einem germ. ank- mit i-Umlaut beruhen. Aber einen der Bedeutung nach passenden Stamm ank giebt es weder, noch ist er zu erschliefsen. Germ. enk ist den Lautgesetzen zufolge ausgeschlossen.

Hingegen kann e vor der Doppelconsonanz auf ein früheres ei zurückgehn, wie in elf aus ainlif, in nl., nd. enkel, enkelt = got. ainakls, in mundartlich emmer = eimer (einbar), in nd. entel, entelen = hd. einzeln; vgl. auch allmende aus *alagimeinida. Diese Erwägung bringt uns sofort auf die richtige Spur. Denn es gab in der älteren Sprache mehrere Adjective der Bedeutung »bekannt, berühmt«, die durch Composition mit ein verstärkt zu sein scheinen: ahd. ein-chnuadil »insignis, egregius«, ein-chnuolih »insignis«, ein-chnôsli »cognitus«, ein-chundalih »cognitus«, ein-mâri »eximius«. Ein enthält in diesen Zusammensetzungen ungefähr den Begriff »was sich als einzig in seiner Art von anderen abhebt«. Damit berühren sich einigermassen andere Composita mit ein, die Charaktereigenschaften bezeichnen, in denen die starre Richtung nach einer Seite, oder das Hervorkehren einer Eigenart liegt. Ich will von diesen nur das im Heliand belegte ênhard nennen, welches mit »sehr tapfer, sehr feindlichen Gemütes«, oder mit »sehr hart, sehr böse«, oder mit »verstockt« (ahd. einherti »constans«, an. einardr »mutig, dreist«) übersetzt wird. Ahd. einchnuadil, einchnuolih, einchnôsli und einchundalih enthalten als zweites Compositionsglied Stämme, die zu kennen gehören. Das letzgenannte ist von *ein-kund weitergebildet, und ein diesem entspr. as. *ênkûth, *ênkund, woneben mit weitergebildetem Stamm *enkûthi, ênkundi bestanden haben könnte, würde unser Wort erklären können. Wir wollen zu dem Behufe die Formen und den Gebrauch desselben mustern, führen aber nur das notwendigste an, indem ich des weiteren auf die reichen Beispiele im Deutschen Wörterb. und im Mnd. Wörterb. verweise. Zunächst notiere ich die Weiterbildung einkaftich aus Riedel, Codex Brandbrg., worin wohl der alte Diphthong erhalten ist; ferner das öfter (z. B. im Oldenb. Urkundenb.) belegte enkende, auch jetzt noch mundartlich als enkend(e) bekannt. Die gewöhnlichste Form enket könnte auf *êncûth neben *êncund weisen, aber auch durch Verlust des Nasals in der unbetonten Silbe, wie er ganz gewöhnlich ist, z. B. in mhd. senede aus dem particip. praes. senende, in könig aus kuning, mhd. joget, doget aus jugunþ, dugunþ, nemet neben nement »niemand«, negede »neunte«, aus dem genannten enkent entstanden sein. Enkende kann aber durch Assimilation des nd in der tonlosen Silbe zu nn auch zu *enkene (wie tocomene neben tocomende »zukünftig«) und dies zu enken werden, einer Form, die auch mnd. schon belegt ist, und in heutigen Mundarten neben den weiter gekürzten enke und enk vorkommt. Bei diesen Verkürzungen wird ausser der lautlichen Entwickelung wohl auch die Angleichung in der Form an andere Adverbia — daher auch enkedes — in Betracht kommen. Die unflectierte Nominativform ist enket: z. B. encket unde schinbar, yd was enket, een enket teken, eine Form, die auch als Adverb gebraucht wird neben der eigentlichen Adverbialform enkede. Ob daneben auch enkede anzusetzen ist, ist zweifelhaft. In als wol enkede is darf man wohl Adverbialform und in dat de stede enkede si Flexion annehmen; die aus der Lübischen Chronik, welche ich nicht nachsehen kann, angeführten enkede (war)teken werden wohl Plural sein. Sonst könnte man enkede auf *ênçundi zurückführen, oder wenn wir zu einer anderen Etymologie gelangen, eine jüngere Form darin erkennen, die sich auf Grund des Adverbs, der flectierten Formen, vielleicht auch der Auffassung des Wortes als eines particip. praes. gebildet hat. An Weiterbildungen kommen vor das Adv. enketlike, ferner enkedicheit, enkaftich (für enkthaftich, vgl. die Form twe engte dage), woneben, wohl fehlerhaft, eynaftich. Nach dem Citat dar eyn(= en)heft me neyn enked aff wäre auch ein subst. enked anzunehmen. Die Bedeutungen sind »im physischen Sinne sichtbar, bemerkbar«, z. B. eine Frevelthat encket unde schinbar alze eftemese myt der hant volen moghe, nergen har (»Haar«) an ome enket, dann »durch sichere Zeichen zu einem bestimmten Zwecke kenntlich gemacht«, daher z. B. enket dach »ein genau bestimmter Termin«, enket bode (»Bote«), woran sich die Bedeutung »vollhaltig von Münzen« schliesst; weiter »genau bestimmt« z. B. von einer Busse, »zuverlässig« von Zeichen, Schriften. Das Adverb bedeutet meistens »genau bestimmt«; für die heutige Sprache wird auch »besonders« angegeben, und daran ist wohl auch zu denken, bei dem von Woeste im Westfälischen Wörterbuch verzeichneten enkede »innig, sehr«, z. B. enkede gefallen. Was die Verbreitung betrifft, so ist hervorzuheben, dass aus dem Artikel im Teuthonista enckede = even, so »ad punctum, stricte u. s. w.« hervorgeht, dass das Wort auch am Niederrhein bekannt gewesen ist. Was die Verkürzung des zweiten Compositionsgliedes in den angenommenen Composit. von kund betrifft, so will ich statt zahlreicher anderer Beispiele, wie junker, aus besonderen Gründen nur ags. frécoþ »verachtet« = got. frakunþs und unser halfen aus halfwinne anziehen. Die Etymologie aus *ênkunþ mit der Bedeutung »was sich in seiner Eigenart kenntlich macht« liesse sich noch weiter stützen durch got. swikunþs »offenkundig, offenbar, bekannt«, swikunþaba »offenbar, deutlich, unverholen«. Grimm (Gr. II, 955 Anm. a) sagt »mehrere Composita mit ein erinnern an die Zusammensetzungen mit selb und eigen«; ein eigenkund könnte wohl auch die Bedeutungen, wie das vorausgesetzte ênkunþ haben. Das swi in got. swikunþs, wie in ags. sweotol »offenbar« stellt man aber mit lat. suus, germ. swês »eigen« zusammen (vgl. Möller in P. B. Beiträge 7, 522 Anm. und Kluge in Pauls Grundris 1.399).

Trotzdem ist die Etymologie höchst wahrscheinlich etwas anders zu fassen, nicht *ênkunþ, sondern *ênkennid vorauszusetzen. Das beweist uns das Nordische. Bei Cleasby-Vigfusson finden wir folgende Wörter verzeichnet, die ich anführe, ohne die Formen näher zu prüfen: einkanna »to attribute«, einkenna, einkunna und einkynna »mit einem Zeichen versehen, z. B. Schafe oder Rindvieh, indem man ihnen die Ohren brennt«; dazu einkunn fem. »Zeichen, Marke«, einkenning »Unterscheidung«, einkenniligr adj. »besonder«; bei Egilsson einkendr part. praet. von einkenna »singulari nota distinguere«. Dem genannten Adjectiv entspricht noch im Neuschwed. das Adv. enkanneligen »für sich, insonderheit« (nebst adj. enkanne(r), enkanlikr »für sich allein, sonderlich, ausserordentlich«) mit dem Tamm richtig das nd. Wort verglichen hat. Als Grundbedeutung gibt Tamm

»was ſich für ſich allein befindet, was ſich als etwas beſonderes bemerkbar macht«. Es beſtand alſo ein aus ein und einer zur Sippe von kennen gehörigen Bildung zuſammengeſetztes Verbum — wie es ſcheint, in verſchiedenen Formen —, welches as. als *ênkennian (*ênkunnian?) anzuſetzen wäre, mit der Bedeutung »als einzelnes andern gegenüber kennzeichnen«; vgl. kannjan in der causativen Bedeutung »kennen machen«, got. kannjan »bekannt machen«, an. kenna »bezeichnen« und an. kynni »Art und Weiſe«. Ob das Verbum etwa erſt von einem zuſammengeſetzten Nomen abgeleitet iſt, laſſen wir dahingeſtellt. Das partic. praet. dieſes Verbums, an. einkendr, as. *ênkennid iſt genau mnd. enkent(d), und die weiteren Formen des Wortes erklären ſich ohne Schwierigkeit. Natürlich könnte auch das Zeitwort ſelbſt im Mnd. noch beſtanden und auch über enkenen zu enken geworden ſein, wie z. B. neben têkenen, têken vorkommt. Ich bezweifle aber, ob ein lebendiges particip. davon, geenket, die Bedeutung haben könnte, welche an der von Peters beſprochenen Stelle des gothländischen Geſetzes notwendig iſt, und glaube darum mit P., daſs eine Art »miſsratene Verbeſſerung« darin ſteckt. Vielleicht fühlte der Ueberſetzer in enket die Natur eines part. praet. und wollte ihm die ſchriftſprachliche Form mit Praefix ge- verleihen.

Der letzte Ausläufer unſeres Wortes enk iſt dem urſprünglichen Compoſitum *ênkennid gegenüber ein hübſches Beiſpiel für den Verfall der lautlichen Form, zugleich aber auch dafür, wie wir oft trotz allen Entſtellungen mit Hilfe des uns bewahrten Materials und einer Kenntnis der Geſetze der Sprachentwickelung die Geſchichte der Wörter mit Sicherheit wieder aufbauen können.

Bonn. J. Franck.

---

3. Zu XVII, 76.

In der vorigen Nummer hat es sich Jellinghaus nicht verſagen können, die Angabe Wenkers, daſs die von Brandi ermierte Grenzlinie des Säulengebiets sich mit keiner der bisher von ihm für ſeinen Sprachatlas feſtgeſtellten dialektiſchen Grenzen vollſtändig decke, mit der für den Sprachatlas wenig ſchmeichelhaften Bemerkung zu begleiten, jeder gebildete Bewohner der in Frage kommenden Gegend, der mit einem Fuſse im Volksleben ſtehe, werde wiſſen, daſs Brandi's Säulengrenze ungefähr die Grenze der eigentlichen ravensbergiſchen und ſüdosnabrückiſchen Mundart ſei. Mit dieſer Aeuſserung würde Jellinghaus wahrſcheinlich zurückgehalten haben, wenn ihm noch in Erinnerung geweſen wäre, was er ſelbſt in ſeiner »Ravensbergiſchen Grammatik« über die Grenzen dieſer Mundart geſagt hat. Die dort angegebene Südgrenze des Ravensbergiſchen, die, nebenbei bemerkt, durch die Karten des Sprachatlaſſes beſtätigt wird, fällt nämlich keineswegs auch nur ungefähr mit Brandi's Säulengrenze zuſammen, sondern verläuft ziemlich genau parallel zu dieſer in einem Abſtande von $1^1/_2$ Meilen! Ebenſo verhält es sich mit der Grenzlinie, die das Osnabrückiſche vom Münſterländiſchen ſcheidet, und über die Jellinghaus aus dem von ihm angeführten Aufſatze von Joſtes ſich leicht hätte näher unterrichten können. Dieſelbe verläuft ebenfalls parallel zu Brandi's Säulengrenze, und zwar in einem Abſtande von 2½—3 Meilen. Sie deckt ſich zunächſt genau mit der Nordgrenze des Kreiſes Warendorf, um dann nach Norden umzubiegen. Nehmen wir als Kriterium die auch von Joſtes angeführten Formen Kaule-Kolle, ſo ergeben ſich als Grenzorte für erſtere die Orte Ringel, Wechte, Brochterbeck, Laggenbeck, Mellingen etc., als ſolche für letztere die Orte Hölter, Ladbergen, Overbeck, Dörnte, Ibbenbüren etc.; eine Ausnahme macht die Stadt Tecklenburg, für welche Kolle überliefert wird. Die ſo genauer beſtimmte Linie gilt auch für eine Reihe anderer Kriterien, u. a. für fruwwe(n)-frau (Dativ); sniggen-snien; kögge-kühe, köhe; neggen-neien; meggen-meien; auwend-åwend; bowwen-bauen. Doch ſind dabei folgende Abweichungen einzelner Grenzorte zu berücksichtigen. Ladbergen: fruwwe; Ladbergen, Hölter, Overbeck: sniggen, kögge; Brochterbeck, Laggenbeck: snien, köhe, neien, meien; Dörnte, Ibbenbüren: auwend. Ob und wie die Linie bowwen-bauen von obiger Linie abweicht, vermag ich nicht anzugeben, da die Formulare aus faſt allen genannten Orten das Wort durch timmern wiedergeben.

Aus Vorſtehendem wird hoffentlich zur Genüge hervorgehen, daſs man über einzelne Dialektgrenzen am Sprachatlas gerade ſo gut oder vielleicht beſſer unterrichtet iſt als mancher Gebildete, der mit einem Fuſse im Volksleben ſteht, und daſs ferner ſelbſt von einem nur ungefähren Zuſammenfallen obiger Dialektgrenzen mit Brandi's Säulengrenze abſolut keine Rede ſein kann.

Marburg. E. Maurmann.

4. Einfluſs des Däniſchen?
(S. XVII, 80).

a. Zu den »Unbeikommenden« iſt zu ergänzen, daſs der Ausdruck ſich faſt ausſchlieſslich in hochdeutſchen Strafandrohungen findet, wo im Däniſchen »Uvedkommende« ſteht.

Am auffälligſten iſt der däniſche Einfluſs bei der Verwechſelung von »und« und »zu« in Schleswig, wo däniſch »og« und »at« im Dialekt gleich lauten. »Da iſt ſchon beſſer und hören Trompeter von Säckingen ſingen«, ſagte ein Flensburger, als er ſich über das Raſſeln in einem Eiſenbahnabteil der Brennerbahn beklagte.

Schlettſtadt. Ernſt Krauſe.

b. Das Deutſch, wie es von den unteren Ständen nördlich von der Stadt Schleswig, bezw. in der Stadt Flensburg bis in unſere Tage hinein geſprochen wurde, iſt nördlich der Elbe ganz allgemein bekannt und hat viel Anlaſs zu Scherz und Spott gegeben. Rethwiſch hat den Dialekt dichteriſch verwerthet. Jetzt wird er allmählich verſchwinden.

Wie kann man mit einem ſolchen Meſſer ſchneiden, würde z. B. lauten: »iſt das auch ein Meſſer und ſchneiden mit!« W. H. Mielck.

5. Bei der Hecke ſein.

Woeſte führt in ſeinem Wörterbuch der weſtfäliſchen Mundart S. 96 ohne weitere Erklärung folgende Redensarten an: he es frô bi der hecke, he is glik bi der hecke, blif bi der hecke. Es iſt bemerkenswert, daſs die Rda. »bei der Hecke ſein«, die dem allgemein gebrauchten »bei der Hand ſein« entſpricht, auch in dem Zauberſpiel des Wieners Ferdinand Raimund »Der Diamant des Geiſterkönigs« II. Aufz. 9. Scene ſich findet, wo Kolibri zu Eduard ſpricht: »Jetzt verlaſſe ich dich, und wenn du mich brauchen wirſt, werde ich gleich bei der Hecke ſein«. Es iſt fraglich, ob die Rda. auf die Hecke-Umzäunung zurückzuführen iſt. In Schmeller-Frommann, Bayer. Wörterb. I, 1049 werden noch folgende Rda. angeführt: I' nim di' be de' Heck und wirf di' nide'. — Hon e' dé' bó de' Héck? hab ich dich ergriffen? und aus Hans Sachs: »Bald thet ich mich von jhn abſtricken, dacht, gut theidung iſt aus der heck«. Auch Schmeller weiſs über die Ableitung der Rda. nichts ſicheres anzugeben.

Northeim. R. Sprenger.

6. Zum meklenburgiſchen Wortſchatz.

Potbeit; rajolen; dat lid't; Lott (pl. Lötte); kinen.

1. Hê is potbeit = Es iſt ganz und gar mit ihm aus; Er hat keinen einzigen Trumpf mehr (Kartenſpiel).

2. Hê (vom Schwein gebraucht) liggt nich, hê rajolt, dorvon wat hê nich fett; rajolen = umhertoben. In der Landwirtſchaft iſt rajolen ein bekannter Ausdruck für »tief umpflügen«.

3. Dat lid't 'n beten iſt ein Ausdruck, der in den ſüdlich und weſtlich von Wismar nach Schwerin zu gelegenen Dörfern (Mecklenburg, Karow, Fichtenhuſen u. a.) gebraucht wird, wenn es bei Froſtwetter um die Mittagszeit ein bischen tauet. Nördlich und öſtlich von Wismar nach Roſtock zu habe ich den Ausdruck nie gehört.

4. Lott, ein Wismarſches Flächenmaſs = 10—14 Morgen à 60 Ruten. Meiſtens rechnet man 12 Morgen, alſo 720 Ruten. Urſprünglich gehört ſo viel Acker zu jedem Hauſe in der Stadt. Noch heute heiſst eine Anzahl zu der Stadt Wismar gehöriger Ackerſtücke »zu den Silberlötten«. Der Plural heiſst alſo die »Lötte«. Ebenſo: »Schönroggen Lötte« vor dem Meklenburger Thor in Wismar. Die Gröſse eines Lotts iſt nach den verſchiedenen Mitteilungen verſchieden.

5. »De Tüffel ſünd kint« heiſst nach mündlicher Mitteilung »die einzelnen Kartoffelkaveln ſind durch Reihen von groſsen Bohnen von einander getrennt«, was heute noch vielfach in Meklenburg vorkommt. Ich habe dabei an engl. keen (ſcharf, ſchneidend) und to keen (ſchärfen, wetzen) gedacht. [kin = Keim; alſo: die Kartoffeln ſind bekeimt? W. H. M.]

Wismar i. M. O. Glöde.

7. Tran na Tromſoe bringen.

Die Redensart »Eulen nach Athen tragen« findet ihr Analogon in allen Sprachen und allen Ständen. Ich erinnere an das engliſche »to carry coals to Newcastle« und das andere hochdeutsche: »Bäckerkindern Stuten geben«. Eine höchſt bezeichnende Redensart hat die niederdeutſche Seemannsbevölkerung der Oſtſeeküſte. Ich finde ſie litterariſch verwertet bei John Brinckmann, Kasper-Ohm un ik (3. Aufl.,

Roſtock, W. Werther 1877) S. 97: »Silentium! Lat er doch ſo wat den Slæks dor nich hüren, Brad-biring! Dat heet jo Tran na Tromſoe bringen! Der Jonge geit ſünſt noch ganz œwer Stag«.

Tromsoe war am Ende des vorigen und Anfang unſeres Jahrhunderts beſonders der Ort, woher die alten Roſtocker Kapitäne Thran zum Verkaufe mitbrachten.

Wismar i. M. O. Glöde.

---

8. Niederdeutſche Pflanzennamen.

(Veſt Recklinghauſen.)

appelbôm, m., pirus malus-Arten.
backprûme, f., prunus domestica (ſpätreife).
baise, f., juncus-Arten.
baldrian, m., valerianus officinalis.
bank, n., Frucht von fagus silvatica.
baukweit, m., polygonum fagopyrum.
biärbôm, m., pirus communis-Arten.
biärke, f., betula alba.
bifaut, m., artemisia vulgaris.
bitterkreſſe, f., cardamine amara.
böcke, f., fagus silvatica.
boreieupîpe, f., allium porrum.
brâm, m., cytisus scoparius; die Blüte: pingsblaume.
brüćmelle, f., rubus fructicosus.
brunnenkreſſe, f., nasturtium officinale.
budterblaume, f., caltha palustris.
bullerte, f., Frucht von rosa canina.
buſsbôm, m., buxus sempervirens.
diſſel, f., carduus.
dôert, f., bromus secalinus.
dôwe niétel, f., lamium.
dûdiſſel, f., souchus.
eierprûme, f., prunus domestica (gelbe, runde).
eike, f., quercus; Frucht: eikel, f.*
êkelappel, m., Gallapfel.
ęlbite, f., fragaria vulgaris.
ęrappel, m., solanum tuberosum-Arten.
feldiärfte, f., pisum arvense.
feldnelke, f., dianthus deltodes.
filette, f., dianthus-Arten.
fenkel, m., foeniculum capillaceum.
fitſebône, f., phaseolus vulgaris (Stangenbohne).
flaſs, n., linum usitatissimum; der Samen: lin, m., die Hülſe: knotte, f.
flaſchenappel, m., cucurbita pepo.
flêſchblaume, f., lychnis floscuculi.
fler, m., Blüte von sambucus nigra.
fûlbôm, m., rhamnus frangula.
giäſte, f., hordeum sativum.
graſs, n., gramineae.
graſsfilette, f., caryophyllus major.
grôtebône, f., vicia faba major.
güllack, m., cheirantus cheiri.
hâböcke, f., carpinus betulus.
hârtiäke, f., ononis spinosa.
hâwer, m. avena sativa.
heid, m., erica vulgaris.
hläk, m., raphanus raphanistrum.
himerte, f., rubus idaea.
hüälerte, f., sambucus nigra.
hülskrabbe, f., ilex aquifolium.
iäle, f., acer campestre.
iärfte, döppiärfte, frühreife: maidöpper, f., pisum sativum.
iäwei, n., hedera helix.
iſerhark, n., verbena officinalis.
judenklüſſe, f., atropa belladonna.
kamille, f., chrysanthemum chamomilla.
kaps, m., brassica oleracea capitata; die Art alba heiſst eingemacht: ſûermans.
kasbite, f., ribes rubrum.
katte, f., plantago major.
kattenſtiät, m., lythrum salicaria.
kêublaume, f., nymphaea.
kiäſſe, f., prunus cerasus.

---

*) (nicht ekker?)

kiédenblaume, f., taraxacum officinale.
kik-düér-den-tûn, glechoma hederacea.
kläwer, m., trifolium pratense.
klette, f., galium aparine.
klöckskes, n., aquilegia vulgaris.
knuflôw, n., allium sativum.
kôl, m., kôlmaus., n., brassica oleracea acephala.
kolrâwe, f., brassica oleracea gongylodes.
kręffe, f., lepidium sativum.
kronsbiäre, preiffebiäre, f., vaccinium vitis idaea.
krüper, m., phaseolus vulgaris (Zwergbohne).
krütskrûd, n., senecio vulgaris.
küéninkskérs, f., verbascum thapsus.
kuckucksmaus, n., oxalis acetosella.
lais, n., acorus calamus und iris pseudacorus.
lawendel, m., lavendula officinalis.
leiwehärsbedftrô, n., galium verum.
löwenmülken, n., antirrhinum maius.
mânblaume, f., papaver-Arten.
melle, f., atriplex hortensis.
miärgenblaume, f., bellis perennis.
mier, n., stellaria media.
mirätig, n., armoracia rusticana.
moftertfâd, n., sinapis.
nachtviölken, n., hesperis matronalis.
nagelbôm, m., syringa vulgaris; die Blüte: nägelken, n.
nakenäsken, n., galanthus nivalis; dubbelde: leucojum verum.
nuótbôm, m., juglans regia; die Frucht: walnuót, m.
nuóthiäfel, m., corylus avellana.
niétel, f., urtica.
päsken, n., amygdalus persica.
peddenftaul, m., fungus-Arten.
peterfiélge, f., apium petroselinum.
piäper, m., piper nigrum.
pingsbrûd, f., orchis-Arten.
pingsrofe, f., paeonia officinalis.
pinnholt, n., evonymus europaeus; die Frucht: päterskäppken.
pifspott, m., convolvulvus sepium.
quendel, m., thymus serpyllum.
quetfche, f., prunus domestica (frühreife).
quiéke, f., triticum repens.
rabarber, m., rumex alpinus.
radisken, n., raphanus sativus.
râe, f., lychnis githago.
raps, m., brassica napus oleifera.
reid, n., carex.
reiningsköppe, tanacetum vulgare.
ridderspûar, m., delphinium.
riwe, f., vicia cracca.
roggen, m., triticum secale.
roggenprûme, f., prunus domeftica (braune, runde).
rosmarin, m., rosmarinus officinalis.
rûenblaume, f., anthemis arvensis u. cotula.
runkelraiwe, f., beta rapacea; rubra: rôde bête, f.
favôi, wirfink, m., brassica oleracea sabauda.
fchâpsribbe, f., achillea millefolium.
fchöllkrûd, n., chelidonium majus.
féllere, f., apium graveolens.
felwe, f., salvia officinalis.
fipel, f., allium cepa.
fiênerte, f., prunus spinosa.
fiüételblaume, f., primula elatior.
fmâllôw, n., allium schoenoprasum.
fmâltblaume, f., cardamine pratense.
fmiéle, f., Blütenftände verfchiedener gramineae.
fprûtmaus, n., brassica oleracea gemmifera.
fpüérgel, m., spergula arvensis.
ftiäkappel, m., datura stramonium.
ftiäkbläre, f., ribes grossularia.
ftiäknafe, f., lychnis coronaria.
ftiäkraiwe, f. (kolrâwe in de ęre), brassica napus esculenta.
ftoppelraiwe, f., brassica rapa esculenta (längliche und runde, der Samen der letzteren heifst nach der Form »klôtfâd«).
ftriépraiwe, f., brassica oleracea caulescens (der Name, weil vor dem Zerfchneiden der Stengel

zum Gemüse die Blätter von diesen »gestriépt« werden).
stuárksnabel, m., geranium-Arten.
stückwuatel, f., daucus carota (die lange gelbe, im Garten und Feld gebaute).
suckerei, f., cichorium intybus.
süerlink, m., rumex acetosa.
sunnenblaume, f., heliotropium europaeum.
tappwuatel, f., daucus carota (die frühreife, kurze rötliche).
thymian, m., thymus vulgaris.
viölken, n., viola odorata.
vossstiät, m., equisetum-Arten und amarantus.
vuógelkiässe, f., prunus avium.
watergeil, n., spergula arvensis (wilder).
wâlbite, f., vaccinium myrtillus.
wägbrêd, n. (auch katte, s. o.), plantago major.
weite, f., triticum sativum.
wiäkelte, f., juniperus communis.
wiärwickel, f., Frucht der Tannen (der Name, weil man glaubt, dass sie das Wetter »wicken«).
wichterte, f., prunus insititia.
wicke, f., vicia sativa.
wie, f., salix-Arten.
wiéwelbône, f., vicia faba minor.
wille klâwer, m., trifolium repens.
wispelte, f., mespilus germanica.
wittdân, m., crataegus oxycantha; die Frucht: miälbläre, f.
wuármei, m., artemisia absinthium.
wuármkrûd, n., chrysanthemum tanacetum (s. o.: recningsköppe).
wulfsklâwe, f., lycopodium clavatum.

Münster i. W. G. Lugge.

---

9. witteldach (I, S. 79).

a. Bekanntlich wurde der Donnerstag vor Ostern nicht nur als „de grone donnerdach", sondern auch als „de witte donnerdach" bezeichnet (Mnd. Wb. 1, S. 540; 5, S. 746; Korrespbl. I, S. 79), während der Ausdruck „de witte sondach" sowohl für den Sonntag vor Palmarum, wie für den Sonntag nach Ostern gebraucht wurde (Mnd. Wb. 5, S. 746). Auf eine Stelle in den Stralsunder Chroniken 3, S. 18, nach welcher Bürgermeister Genzkow 1558, Apr. 7., am Donnerstag vor Ostern „den badermegeden van wegen des witteldages" 2 Schillinge giebt, hat Koppmann a. a. O. aufmerksam gemacht. Die von ihm gestellte Frage scheint nach dem, was später das Mnd. Wb. 5, S. 752 über „witteldach" oder „wittendach" beigebracht hat, insbesondere nach dem Pommerschen Gebrauch (Kirchenordnung v. 1534 in Balt. Studien 43, S. 166, Mnd. Wb. a. a. O.; vgl. Prohner Kirchenmatrikel v. 1559 unter »des kosters besoldinge«: Witteldach, Proven und accidentalia nach gemeiner ordening) mit Sicherheit dahin beantwortet werden zu können, dass das Datum kein zufälliges ist, sondern dass mit »witteldach« der betreffende Tag, eben der Donnerstag vor Ostern, bezeichnet werden soll. Andererseits scheint sich mir aus der Nachricht Genzkows zu ergeben, dass die Emolumente, die den Küstern zu Ostern unter der Bezeichnung »witteldach« zustanden, mit der dominica in albis (vgl. Dähnert) Nichts zu thun hatten, sondern nach dem Tage, an dem sie fällig waren, bezeichnet wurden. Warum aber die Badermägde ein Trinkgeld „van wegen des witteldages" erhielten, bleibt freilich unverständlich.

Stettin. F. Fabricius.

b. Den von Fabricius gezogenen Schlüssen pflichte ich bei. Die Nachricht Genzkows verstehe ich dahin, dass der Herr Bürgermeister, der übrigens einen eigenen Staven besass (Stralſ. Chroniken 3, S. 42; vgl. S. 65, 66), an dem betreffenden Tage, entweder allein oder wahrscheinlicher mit Frau und Kindern, in dem öffentlichen Staven (im steinstaven 3, S. 87; im gemeinen staven 3, S. 60) gebadet und den Badermägden, weil es gerade „witteldach" war, ein ungewöhnlich grosses Trinkgeld gegeben hatte, was er der Anmerkung in seinem Diarium für würdig hielt.

Rostock. K. Koppmann.

Litteraturnotizen.

F. Frensdorff, Die Lehnsfähigkeit der Bürger im Anschluss an ein bisher unbekanntes niederdeutsches Rechtsdenkmal *(Nachrichten von der Königl. Gesellschaft der Wissenschaften zu Göttingen. Phil.-hist. Klasse.* 1894. *Nr.* 4. *S.* 403—458).

Der Verfasser veröffentlicht in seinem anziehend geschriebenen und gehaltreichen Aufsatz ein Rechtsdenkmal »Van lehengude unde dat to entfangende«, das sich in einem Liber antiquorum gestorum betitelten Sammelbande des Göttinger Stadtarchivs findet, der Schrift nach der ersten Hälfte des 15. Jahrhunderts angehört und seinen Ursprung im binnenländischen Osten genommen zu haben scheint. In demselben wird die Frage behandelt, »ob Bürger Lehen, und zwar mit der vollen Wirkung empfangen können, die sich an die Belehnung lehnsfähiger Personen knüpft« (S. 405); anhangsweise wird eingegangen auf die beiden Fragen »nach dem Rechte, mit welchem Lehnsherren die Investitur der ererbten Lehen Bürgern nur gegen eine Abgabe, Lehenware oder Herwede, wie sie in Urkunden genannt wird, ertheilen« (S. 414), und »ob ebenso wie Söhne in das Lehen ihres Vaters Enkel vorverstorbener Söhne in das ihres Grossvaters succediren« (S. 415). An seltenen Wörtern bietet der Aufsatz: plock (9), selenvoghet (9), sik bespanghen (17), wan lesen (26), S. 422.

Zum Abdruck dieses interessanten Rechtsdenkmals erlaube ich mir nachstehende Bemerkungen:

4. »Nu steyt dor ok: koplude. Menestu nu, dat borgher sin dar umme dat se koplude sin, kopen und vorkopen?« Der Herausgeber versteht: »Meinst du, dass jemand schon deshalb Bürger sei, weil er Kaufmann ist, kauft und verkauft?« Mir scheint die Stelle verderbt und etwa so zu bessern: Menestu nu, dat borgher koplude sin dar umme, dat se kopen und vorkopen?

5. »Her umb dat se aldus lopen achter lande, deme wel here de en gud lech, de en wiste nicht, wur he sines denstes waren scolde«. Der Herausgeber hält es für zweifelhaft, ob »deme welhere = welchem von denen oder: dem welcher Herr« zu verstehen sei und verweist für erstere Auffassung auf Lübben, Mnd. Gram. S. 114. Da die betreffende Stelle des Lehnrechts (2) heisst: »swelk here de doch desser eneme gut lenet«, so halte ich eine Aenderung für nöthig: welk here de en oder: welk here de desser eneme.

6. »rydders art dat is hir: ridder ammecht unde ridderschap enynge« und 15 »ridders art dat steyt vor ammecht und vor eninge«. Mir scheint an beiden Stellen »ovinge« für »eninge« gelesen werden zu müssen. Vergl. 15: »dat he . . . ridders ammecht ove«, »dat borgher ovet ok ridder ammecht«, 17: »wenn dat he ovet ridder ammecht«. Mnd. Wb. 3, S. 288 verzeichnet »ovinghe des hovewerkes«.

7. »Wad borde had den desse Moyses und de andern, de boven dat volk gesat waren, geweren vor like heren?« Dazu bemerkt der Herausgeber: »geweren vor = Gewährsmann sein für. Welche Geburt konnten sie in die Wagschale werfen gleich Herren?« Das scheint mir zu künstlich und ich schlage deshalb vor: Wat borde hadden desse . . . . . gesat waren? Ze weren vor (vorher) like heren (vgl. Mnd. Wb. 2, S. 692: »like gesellen«); nu se to dem ammecht gekommen weren, nu u. s. w.

8. »De erste koning de geboren wart de was Saul«. Der Herausgeber meint die Lesart durch die Erklärung »der je ward« retten zu sollen; ich meine »geboren« einfach in: gekoren ändern zu sollen.

Da die Buchstaben r und t in der Handschrift schwer zu unterscheiden sind, so würde ich 17 (»wat en van deme ploghe lopt«): war und 18 (»sunder dat en wolt und unrecht gheschen is«): dar lesen.

23. »Des en is nicht, he is io sone; wel sprikt de grotevader, he is io sin vader, den sone is io sin sone und ervet io sines grotevaders len, alse sin vader scolde«. Der Herausgeber versteht: »wer da das Wort Grofsvater betont, in der Sachsenspiegelstelle vermifst, der übersieht, dafs vader und sone repräsentative Bezeichnungen sind«. Ich halte eine Emendation für nöthig, vielleicht in folgender Weise: wol sprikt he grotevader, he is jo sin vader; de sonessone is jo sin sone u. s. w.

Rostock. K. Koppmann.

Suringar, W. H. D., Det sijn Seneka leren; een middelnederlandsch zedekundig leergedicht . . . Leiden 1895. (Gebroeders van der Hoek.) XXXII u. 142 S., gr. 8°.

Den Freunden niederdeutscher Sprachdenkmäler hochwillkommen wird auch die neueste Publication des ehrwürdigen Veteranen unserer Studien, des nunmehr nahezu neunzigjährigen Wilhelm Heinrich Dominicus Suringar in Leiden sein. Sie schliefst sich würdig an die unmittelbar vorangehenden schönen Arbeiten »Die bouc van seden« (1891) und das stofflich verwandte zweite mittelniederländische Lehrgedicht »van zeden« (1892) an, ist aber inhaltlich gehaltvoller und geistreicher dadurch, dafs sie sich als poetische Bearbeitung einer sehr merkwürdigen stoischen Trostschrift erweist, die auf den Namen des L. Annaeus Seneca geht, der Remedia Fortuitorum. Das Schriftchen, ein Gesprächbüchlein, in dem der Vater die ganze Reihe von Klagen des Sohnes über ihm zugestofsenes Mifsgeschick in einer Weise, die uns oft als fakirhaft erscheinen mufs, zurückweist, besteht mit Prolog und Beschlufswort (Naprologhe) aus 775 Zeilen (S. 1—37), und hat in der Mitte des 16. Jahrhunderts auch eine hochdeutsche, wahrscheinlich ganz ähnliche Bearbeitung erfahren durch Valentin Boltz in dem 1552 in Basel erschienenen »Senece gesprächbüchlein Wider die unversehene zufäl‹. über dessen leider vergeblich gebliebene Aufspürung Suringar S. XXVII der Einleitung betrübte Auskunft giebt. Es muss nun doch eine Ehrensache unserer Bibliotheken und Bibliophilen sein, auch diese Schrift aufzufinden, die wohl nur dadurch sich bisher versteckt hält, dass sie, nur 24 Blatt stark, mit anderen Schriften zusammengebunden sein mag. Wo also sonst Boltzische Schriften oder Bücher des Baseler Druckers Jac. Kündig vorhanden sind, da möge man sie einmal daraufhin durchblättern. Fast unglaublich klingt doch, dass selbst die Bibliothek des Spitals zu Basel (dort war Val. Boltz Prediger) kein Exemplar kennt.

Wichtiger für uns jedoch, als der etwaige litterargeschichtliche Werth des Büchleins ist die kritisch-exegetische Arbeit, die Suringar ihm in seiner bekannten sauberen Art und aus der staunenswerthen Fülle seines Wissens heraus hat angedeihen lassen. Wer in der Kenntniss alt- und mittelniederländischer Schriftdenkmäler die zuverlässigste Handhabe für das historische Verständniss des Gesammtniederdeutschen erblickt, weiss die reichen, zuverlässigen Glossare als eine äusserst werthvolle Bereicherung des Mnd. Wörterbuchs zu schätzen. Ich brauche kaum wiederholt zu sagen, dass die bei uns leider selten werdende Belesenheit in den klassischen Sprachen, über die Suringar noch verfügt, wie die grossen holländischen Philologen der Renaissance, sein Buch auch den Freunden der gnomischen und Sprichwort-Litteratur aufs Beste empfiehlt. Suringar leitet die Arbeit mit rührenden lat. Hexametern ein:

Extremum hunc, Lector, mihi nunc concede laborem . . . Gott erhalte ihm die Arbeitslust, die ihn so frisch und jugendlich erscheinen lässt! Ad multos annos! —

Weimar. Franz Sandvoss.

Notizen und Anzeigen.

Regierungen und Stände beider Mecklenburg haben für die Herausgabe des Sammelwerkes mecklenburgischer Volksüberlieferungen, dessen Leitung im Auftrage des Vereins für mecklenburgische Geschichte und Alterthumskunde unser Mitglied, der Oberlehrer R. Wossidlo in Waren führt, nunmehr die Summe von zusammen 7000 Mark bewilligt.

Für den Verein dankend empfangen:

Neunter Jahresbericht des Historischen Vereins für die Grafschaft Ravensberg zu Bielefeld. 1894. Inhalt: 1. Bericht des Vorstandes. 2. Urkundenbuch der Stadt Bielefeld, I. Teil, 1. Hälfte. Herausgegeben von Dr. R. Rosen. Bielefeld. Druck von Velhagen & Klasing. 1894.

Beiträge, welche fürs Jahrbuch bestimmt sind, belieben die Verfasser an das Mitglied des Redactions-Ausschusses, Herrn Dr. W. Seelmann, Berlin SW., Lichterfelderstrasse 30, einzuschicken.

Zusendungen fürs Korrespondenzblatt bitten wir an W. H. Mielck, Hamburg, Dammthorstrasse 27, zu richten.

Bemerkungen und Klagen, welche sich auf Versand und Empfang des Korrespondenzblattes beziehen, bittet der Vorstand direkt der Expedition, „Buchdruckerei Friedrich Culemann in Hannover, Osterstrasse 54“ zu übermachen.

Für den Inhalt verantwortlich: W. H. Mielck in Hamburg.
Druck von Friedrich Culemann in Hannover.

Ausgegeben: 17. Mai 1895.

Jahrg. 1894/1895. Hamburg. Heft XVIII. № 2.

Korrespondenzblatt
des Vereins
für niederdeutsche Sprachforschung.

I. Kundgebungen des Vorstandes.

1. Programm der Jahresversammlung.

Zwanzigste Jahresversammlung
des Vereins für niederdeutsche Sprachforschung
in Bielefeld.

Montag, den 3. Juni.

8 Uhr Abends: Gesellige Vereinigung auf dem Sparenberge.

Dienstag, den 4. Juni.

8½ Uhr Morgens: Versammlung in der Ressource.
1) Begrüssung des hansischen Geschichtsvereins und des Vereins für niederdeutsche Sprachforschung.
2) Nach Erstattung des Jahresberichts des Vereins für hansische Geschichte gemeinschaftliche Sitzung beider Vereine.
Geheimer Justizrat Prof. Dr. R. Frensdorff aus Göttingen: Zur Erinnerung an L. Weiland.

12 Uhr Mittags: Sitzung des Vereins für niederdeutsche Sprachforschung.
1) Jahresbericht, erstattet vom Vorsitzenden Prof. Dr. Al. Reifferscheid aus Greifswald.
2) Oberlehrer Dr. Fr. Runge aus Osnabrück: Joh. Aegidius Klöntrup und sein niederdeutsch-westfälisches Wörterbuch.
3) Privatdocent Dr. J. Schwering aus Münster: Der Einfluss der niederländischen Wanderbühne auf die Entwickelung des niederdeutschen Dramas.

Mittwoch, den 5. Juni.

8½ Uhr Morgens: Sitzung des Vereins für niederdeutsche Sprachforschung.
1) Oberlehrer Dr. Tümpel aus Bielefeld: Die Bielefelder Urkundensprache mit Ausblicken auf die niederdeutsche Schriftsprache.
2) Bibliothekar Dr. P. Bahlmann aus Münster: Münsters niederdeutsche Litteratur in alter und neuer Zeit.

3) Ueber die niederdeutschen Handschriften und Drucke aus Westfalen, deren Ausstellung im Sitzungszimmer vorbereitet worden ist, werden verschiedene, besonders die Herren Aussteller sprechen.

Anmeldungen von Mitteilungen und Anträgen bittet der Vorstand an den Vorsitzenden Professor Dr. Al. Reifferscheid in Greifswald zu richten.

Näheres über die Zusammenkunft in Bielefeld und über die Zeiteinteilung dort, sowie über etwa gewünschte Wohnungsanmeldungen berichtet das beiliegende Gesamtprogramm.

Die Mitglieder und Gäste unseres Vereins sind nach Vereinbarung mit dem Vorstande des Vereins für hansische Geschichte zur Teilnahme an den Vorträgen und Festlichkeiten dieses Vereins unter denselben Bedingungen berechtigt, wie sie für die Mitglieder und Gäste des Vereins für hansische Geschichte gelten. Ein jeder Teilnehmer muss eine Festkarte lösen, für welche der Preis auf eine Mark und fünfzig Pfennig angesetzt ist.

Die an der Jahresversammlung unseres Vereins teilnehmenden Mitglieder und Gäste sind gebeten, sich in das Album der Jahresversammlungen einzuzeichnen, welches im Versammlungsraume aufliegen wird. Ebendaselbst werden auch Beitrittserklärungen angenommen.

2. Veränderungen im Mitgliederstande.

Dem Vereine sind beigetreten:

Dr. J. Schwalm, Mitarbeiter der Monumenta Germaniae, Göttingen.
Dr. J. Priesack, städtischer Archivar, Göttingen.

Berichtigte Adresse:

Dr. ph. A. Schöne, Direktor der Augusta-Victoria-Schule, Greifswald.

3. Publikationen des Vereins.

Der vierte Band der Drucke unseres Vereins ist erschienen. Er ist herausgegeben von W. Seelmann und J. Bolte und enthält: Niederdeutsche Schauspiele älterer Zeit.

Die germanistische Section des Vereins für Kunst und Wissenschaft in Hamburg hat die Zahlung der Druckkosten dieses Werkes auf sich genommen.

Hierdurch ist es zur Freude des Vorstandes möglich geworden, allen jetzigen oder im Laufe dieses Jahres eintretenden Mitgliedern des Vereins für niederdeutsche Sprachforschung dasselbe kostenfrei zusenden zu können.

Später kann dieser Band wie die übrigen der Reihe nur käuflich erworben werden. Der Ladenpreis beträgt 3 Mk.

Die Zusendung wird binnen kurzem erfolgen.

II. Mitteilungen aus dem Mitgliederkreise.

1. Zum Eulenspiegel (Jahrbuch 19).

1. Helmstetesche schuch bletzen (Hi. 4).

Walther meint (S. 43), dass die Redensart so viel wie »sich hehlen, sich zu Haus halten, sich verstecken« bedeute. Ich vermuthe, dass ein

Wortwitz anderer Art zu Grunde liege. In dem kleineren Helmſtedt werden noch die alterthümlichen Botzen[1] verfertigt und getragen worden ſein, als in Braunſchweig ſchon die ledernen Schuhe allgemein üblich geworden waren; der Gleichklang der Wörter »botzen« = Botzſchuhe und »botzen« = Poſſen wird deshalb ſchon früher dazu geführt haben, die Bezeichnung »Helmſtedesche scho, schomaker« für »botzen« = Poſſeu und »botzenmaker« = Poſſenreiſser zu gebrauchen. Neu ſein und vom Verfaſſer des Eulenſpiegel herrühren wird die Weiterbildung des Wortſpiels: »bletzen« überſetzt wahrſcheinlich das nd. »boten«, »botzen boten« im einen Sinne = Botzſchuhe flicken, im andern = Poſſen büſsen.

2. nach dem bade ringen (Hi. 3—5).

Als Eulenſpiegel, da ſeine Mutter das Seil, auf dem er getanzt, abgeſchnitten hat, in die Saale fällt, rufen ihm die Jungen zu: »he he bad nur wol uſs etc. Du haſt lang nach dem bad gerungen«; vielleicht kürzte hier der Ueberſetzer, weil er ein Wortſpiel nicht verſtand: »bade men wol ut; du heſſt lange gerungen na bate, nu buſtu komen to bade«; »to bade komen«, zu Unheil gerathen, findet ſich im Braunſchweiger Schichtſpiel fünfmal (Städtechroniken 16, S. 370). E. ärgert ſich über den Spott »und gedacht doch wie er in das wider vergelten und ſie bezalen wolt, und alſo badete er uſs ſo beſte er möchte«. Darauf läſst er ſich von jedem Jungen den linken Schuh geben, geht mit den auf eine Schnur gezogenen Schuhen auf das Seil, ruft: »menglich nem war, und ieglicher ſûch ſeinen ſchuh wider«, ſchneidet die Schnur entzwei und läſst die Schuhe auf die Erde fallen; als nun die Jungen über einander purzeln, ruft E. ihnen lachend zu: »He he ſûchen nun die ſchûh, wie ich geſtern uſs bad (1519: baden) mûſt«. Der letztere Zuruf muſs m. E. ebenfalls ein Wortſpiel enthalten haben, etwa: »he he, dreget nu wol ut«, (utdregen: 1. hinaustragen, bat indregen, utdregen: Mnd. Wb. 1, S. 158, 2. bezahlen) oder wahrſcheinlicher: »ſoket nu de bate, dat ick geſtern utbaden moſte«. Derſelbe Ausdruck »bate ſoken« ſcheint mir auch da gebraucht geweſen zu ſein, wo die Mutter ihm vorwirft, »das er kein hantwerk wolt lernen (und ſine bate ſoken)«, denn E. antwortet ihr, ſicher mit Beziehung auf Hi. 3: »liebe mûter wazu ſich einer bogibt das würt im ſein lebtag gnug«, im Original entweder mit dem Sprichwort: »wor einer na ringet, des wert (wird) em ſyne levedage genoch« (Walther im Nd. Jahrb. 1893, S. 48) oder ins Gegentheil umgeſetzt: »wes ſik einer begift, des wart (wurde) em ſyne levedage genoch«.

3. das ein, das ander (Hi. 11).

Der einfache Wortwitz »dat ene«, »dat andere« wird vom Ueberſetzer unrichtig wiedergegeben. Von zweien Hühnern, die des Pfarrers einäugige Köchin am Spieſse hat, verzehrt E. »das ein«; die Köchin ſagt zu ihm: »der hüner waren doch zwei, wa iſt das ein hin kumen« (im Nd. hieſs es: dat ander); E. antwortet: »Fraw, thon euwer ander aug auch uff, ſo ſehent ir die hüner alle beid (im Nd. wird geſtanden haben: dot juwe beyden ogen up, ſo ſe gy wol). Der herbeigerufene Pfarrer ſagt: »Wa iſt dan das ander gebliben« und E. antwortet: »das ſtecket doch da, thûnd auff euwere beide augen ſo ſehent ir wöll das ein hûn (im Nd. wohl: dat hon, dat) am fpisz fteckt. alfo fagt ich zû euwer kellerin auch‹; der Pfarrer erwidert: ›aber das ein hûn ift hinweg‹ und E. giebt zu: ›Ja das ein ift hinweg und das ein fteckt noch, ich hab das ander geffen‹ (im Nd.: ja, dat ene is wech und dat ander is noch dar, dat ene hebbik geten).

4. gifftig (Hi. 13).

Zu den Worten ›do ward fie gifftig (S. 1519: giftig zornig) auff Ulnfpiegel‹ bemerkt Walther (S. 27), da ›giftig‹ fich weder mhd. noch mnd. nachweifen laffe, ein etwaiges ›vergiftig‹ aber weder eine Aenderung noch einen Zufatz erfordert haben würde, fo fei er geneigt, ein nd. ›gichtich torrefch‹ anzunehmen. Mir däucht die Vermuthung näher zu liegen, dafs im Original ›veninfch‹ geftanden habe.

5. alt, bott (Hi. 21).

Eulenfpiegel vermeidet drei Dinge: erftens ein graues Pferd, denn er will immer ›ein val pferd‹ (einen valen pagen) reiten, zweitens ein Haus mit Kindern, denn man beachtet der Kinder ›nötlicheit‹ (1. Nothdurft, 2. Poffen) mehr, als die feine, drittens ›wu ein alter milter wirt was, bei dem was er nit gern zu herberg, wan ein alter milter würt der achtet feines gûtes nit, und wer gewonlich ein bott (1519: thor), da was auch fyn gemeinfchafft nit, dann da wer auch kein gelt bey zû gewinnen etc.‹ Das etc.-Zeichen fcheint anzudeuten, dafs der Ueberfetzer feine Vorlage erweitert habe, und Scherer hat, worauf mich Herr Dr. Walther aufmerkfam macht, in feiner kritifchen Bearbeitung der Hiftorie (Die Anfänge des Profaromans S. 80) die Schlufsworte von ›und wer‹ an weggelaffen; ich meine, dafs die Zuthat fich auf den überflüffigen und finnlofen zweiten Begründungsfatz: ›dann da — etc.‹ befchränke, dafs alfo die Worte ›und wer — nit‹ auf die Vorlage zurückgehen. Dafs das ›alter‹ auf einem mifsverftandenen ›alte‹ = alto, allzu beruhen müffe, liegt auf der Hand. Wegen des unverftändlichen ›bott‹ theilt mir Herr Dr. Walther freundlichft mit, er habe dabei zunächft an ›fott‹ gedacht und dann an ›eenvolt‹; erftere Vermuthung ift meiner Meinung nach eine glückliche, da das Wort fowohl von Gerhard von Minden, wie in den Schaufpielen des Herzogs Heinrich von Braunfchweig (Mnd. Wb. 4, S. 290) gebraucht wird. Die Vorlage lautete etwa folgendermafsen: ›wor eyn alte milde wert was, dar en was he nicht gerne to herberge, wente eyn alte milde wert de en achtede nicht fynes gudes und were wanlik (vermuthlich) eyn fot; mit dem en hedde he nene menfchop‹.

6. folgen (Hi. 39).

›der felb fchmid het ein fprichwort, wan der knecht (1519: knecht fuft) mit den belgen blafen folt, fo fprach er Haho folge mit den belgen‹. Die Redensart ift dadurch unverftändlich geworden, dafs der Strafsburger nd. ›nakomen‹ oder ›nagân‹ mit folgen überfetzt hat; nakomen, nagân: 1. hinterher kommen = gehen, 2. etwas gehörig, mit Nachdruck betreiben.

7. doben (Hi. 39).

Bei den Worten ›und gang mi doben usz dem husz‹ denkt Walther

(S. 43) an ein Spiel mit »boven« = oben und »boven« = Buben; einfacher ist »dar boven« = außerdem, obendrein, »dar boven« = dort oben.

8. clein, groſs (Hi. 43).

Der Schluſs der Hiſt. 43 iſt dadurch unverſtändlich geworden, daſs der Bearbeiter die Wörter »luchter« und »vorder« miſsverſtanden hat. Eulenſpiegel erhält als Schuhmacherknecht von ſeinem Meiſter den Auftrag, Schuhe »uber einen leiſte« zuzuſchneiden, und ſchneidet demgemäſs alles Leder nicht, wie der Meiſter gemeint, über ein Paar Leiſten, ſondern »uber den cleinen leiſt«; der Ueberſetzer hat hier »den luchtern«, den linken, mit »den lutken« verwechſelt. Der Meiſter ſagt zu ihm: »wie hört der groſs ſchů zu dem cleinen«; da dies nicht richtig ſein kann, weil gar kein groſser Schuh vorhanden war, ſo wird in der Vorlage geſtanden haben: »war is de vorder ſcho to dem luchtern« oder »wattau, to dem luchtern ſcho horet noch eyn vorder«. Eulenſpiegel antwortet: »ja, wolten ir das noch haben, ich wil das noch wol hernach machen, und ſchneiden den vordern nur noch nach«; der Ueberſetzer hat hier »vorder« beibehalten, weil er begriff, daſs ein Wortſpiel: »vorder« und »na« vorliegt; im Nd. hieſs es vermuthlich: »ja, wille gy noch eyn vorder (ein Weiteres) hebben, ſo will ick dat vorder (das frühere) wol na (hinterher) ſniden«. Darauf entgegnet der Meiſter: »Beſſer künd ich cleinen ſchůh ſchneiden nach dem vordern, dan einen vordern nach dem cleinen« und fügt hinzu: »und nimpſtu einen leiſt, und der ander leiſt iſt zů nicht gemacht«; der Nachſatz iſt ſinnlos, da der Leiſten durch Nichtbenutzung nicht verdorben werden kann; als Vorlage vermuthe ich: »Rechter mochte me einen luchtern ſcho ſniden na dem vordern, dan einen vordern na dem luchtern; nochtan nimſtu den luchtern leſten, und des vordern is nicht (Nichts) gemaket«; könnte »luchter« den Nebenbegriff: linkiſch, ungeſchickt, haben, wie »vorder« den Nebenbegriff: vorzüglicher, ſo würde »na« zu verſtehen als: nach Anleitung.

In Hi. 0 ſind, wie mir ſcheint, »vorder« und »luchter« gleichfalls miſsverſtanden und hier durch »forderſte« und »hinderste« erſetzt worden. Herr Dr. Walther theilt mir freilich mit, das Bild bei Krufter ſtelle die Diebe hintereinander gehend dar mit einer Tragbahre, auf der Eulenſpiegel im Immenkorbe dergeſtalt ſitze, daſs das Geſicht nach der Seite ſei und er ſowohl, was er auf dem Bilde gerade thue, mit der linken Hand nach vorn, als mit der rechten nach hinten greifen könne. Aber daſs der »hinderſte«, als ihm E. »einen gůten rupff bei dem har« giebt, meinen kann, das habe der »forderſte« gethan, iſt bei ſolcher Situation doch ſchlechterdings undenkbar.

9. greiben ſchinder (Hi. 58).

Daſs der Verfaſſer über das Beamten-Perſonal des Lübiſchen Weinkellers ſo genau unterrichtet geweſen wäre, daſs er ſogar von den »kolgreven« gewuſst hätte (Walther S. 57), dünkt mich doch wenig wahrſcheinlich. Ich wage die Vermuthung, daſs »greibenſchinder« zurückgehe auf »grebenſnider« und daſs dies ſpottweiſe gebraucht worden ſei nach Analogie des »ſpeckſnider« für den »garbrader«. Kellerbeamte waren die Lübecker »garbrader« freilich nicht, aber ihre Verkaufsſtelle war vor dem Weinkeller: »Sodane dynk, alſe hyr vor ſchreven ſteit, moghen ſy ſellen vor den wynkellere unde anders nicht (Wehrmann, Lüb. Zunftrollen S. 207).

10. groſs, ledig (Hi. 59).

Die beiden doppelſinnigen Wörter, die Eulenſpiegel dem Taſchenmacher gegenüber gebraucht (Walther S. 38), ſind doch wohl die bekannten: »rive« und »idel«. Letzteres führt das Mnd. Wb. 2, S. 348 in beiden Bedeutungen auf: »idel vel ledich« und »idel vel unnutte«; »rive« = freigebig (Mnd. Wb. 3, S. 491) iſt die »deſch, darin ich möcht einen pfening usz nemen, und das ſtetige zwen darin bliben«, »rive«, wie der Taſchenmacher verſteht, iſt wohl verſchwenderiſch, über das Bedürfniſs hinausgehend, koſtſpielig.

11. pfeiffentreier (Hi. 66).

»Die betreffende Hiſtorie, ſagt Walther (S. 81. 82), iſt nach Lokalſprache und Lokalfärbung urſprünglich nd., der oberd. und der mitteld. Leſer muſs aber unter einem »pfeiffentreier« den Verfertiger von Blasinſtrumenten verſtehen, während der Herſteller von Waſſerleitungsröhren aus Baumſtämmen gemeint iſt; das Anfertigen ſolcher Röhren heiſst freilich in Hannover »pipen boren«. die Hiſtorie ſelbſt beweiſt aber, daſs man auch »pipen dreyen« geſagt hat, »es ſei denn, daſs ſich *dreyen* auf das Drechſeln der äuſserlichen Form der Pfeiſe bezieht«. Da jedoch die hölzernen Röhren auch in Hamburg nicht gedreht, ſondern gebohrt wurden (Kämmereirechnungen 5, S. 592, 1536: »vor enen gebarden waterpoſt«; 6, S. 293, 1548: »pro pumpis und barholt«), ſo ſcheint mir die Annahme wahrſcheinlich, daſs der Ueberſetzer auch hier eine Aenderung vorgenommen habe.

Ein naheliegendes Synonym der »pipe« iſt das doppeldeutige »horn«. Die eigentlichen Drechsler (dreyere) verarbeiteten Holz; da man aber in Hamburg in ſpäterer Zeit innerhalb des Drechsleramtes: Holzdrechsler, Horndrechsler, Block- und Pumpenmacher, auſserhalb desſelben: Spinnraddrechsler und Elfenbeindrechsler unterſchied, ſo iſt an einem mnd. »horndreyer«, wenn dasſelbe auch noch nicht belegt iſt, kaum zu zweifeln. Es würde demnach der Straſsburger bei dem Worte nicht an einen Horndrechsler gedacht, ſondern einen Verfertiger des muſikaliſchen Inſtruments, das zum »hürnen« (Städtechroniken 9, S. 1107) gebraucht wurde, verſtanden haben. — Zunftmäſsig organiſirt werden die Horndrechsler in älterer Zeit ſchwerlich geweſen ſein, gewiſs nicht in Lüneburg, denn während in Lübeck »alle dat horn, ſo udt der ſe kumpt«, von »kammmakern und holtenluchtenmakern« »binnen amptes« getheilt werden ſoll (Wehrmann S. 245), werden in Lüneburg, das eine Drechslerrolle überhaupt nicht beſitzt, »worpele, kemme, borſten, pypen, dat doſyn 6 penninge, jegerhorne« (Bodemann S. 137, 138), »borſten, kemme van knoken, yegerhorne und pipen . . . , worpele . . . unde blachorne« (S. 139) den Nädlern als Verkaufsgegenſtände den Krämern gegenüber zugeſtanden. Ein ſolcher nicht zünftiger »horndreyer« konnte aber mit ſeinen Arbeitserzeugniſſen (blachorne, yegerhorne, pipen) recht wohl über Land ziehen. Wenn alſo die Hiſtorie berichtet: »ein pfeiffentreier, und der was ein lantfarer gewefen, und was mit dem lotterholtz umbgeloffen da fafs er zum bier«, fo würden nicht mit Walther die Worte »und der — umbgeloffen« fämmtlich, fondern nur theilweife als Einfchiebfel zu betrachten fein: »da« fcheint mir ein nd. »dar« zu überfetzen, dort, nämlich bei den Landfahrern, in der Landfahrer-Kompagnie; »und der was ein lantfarer« würde der Strafsburger mit dem »horndreyer« nicht haben reimen können; »gewefen = umbgeloffen« würde von ihm eingefchoben worden fein.

Bedenken gegen diefe Annahme werden aber durch die Erwägung hervorgerufen, dafs die Rolle, die dem »pfeiffentreier« zugetheilt wird, einen Horndrechsler ebenfo wenig, wie irgend einen andern beftimmten Handwerker verlangt, da doch der Verfaffer fonft überall planmäfsig zu Werke geht und jedem Handwerker feine Rolle auf den Leib fchreibt.

12. pferd (Hi. 66).

Am Schlufs der Hi. 66 fcheint mir dadurch ein Wortfpiel verloren gegangen zu fein, dafs der Ueberfetzer »mere« durch »pferd« wiedergab. Allerdings ift »mere«, Stute, im Mnd. Wb. nur durch eine einzige Stelle: »Dar gink eine merie mit ereme volen« belegt; aber das wird, da das Wort im Nnd. gebräuchlich ift (Brem.-niederf. Wb. 3, S. 129; Schiller, Zum Thier- und Kräuterbuche 2, S. 1), auf Zufall beruhen.

Der »pfeiffenmacher« fagt zum »fchelmenfchinder«: »in der herberg fei ein frum man, der heifst Ulenfpiegel, dem fei ein pferd geftorben, das folte er aufs füren, und zeigt im das hufs«; im Original hiefs es etwa: »in der herberge ligge eyn vram man, dem were fyne mere up der ftraten vordorven unde hete Ulenfpegel; dem fchelm folde he navragen«; »up der ftraten« wird, wie mir fcheint, durch den Schlufs bedingt; »mere« ift: Erzählung, wohl auch Ruf, Leumund, »ftratenmere«: Strafsengerede; »fchelm«: 1. Kadaver, 2. homo nequam. Der Schelmenfchinder fährt vor die Herberge »und fragt nach Ulenfpiegeln«; demgemäfs habe ich im vorhergehenden Satze »navragen« dem »utbringen« vorgezogen. E. kommt vor die Thür und fragt ihn, was er wolle; der Schelmenfchinder antwortet, der »pfeiffenmacher« habe ihm gefagt, »das im fein pferd were geftorben, das folt er ufsfüren, und ob er Ulenfpiegel hiefse und ob das alfo wer«, im Original etwa: »dat fyne mere up der ftraten vordorven were unde dem fchelm fcholde he navragen, oft he Ulenfpegel hete unde oft dat recht were«. Darauf dreht E. fich kurz um, nimmt eine nicht näher zu bezeichnende Manipulation vor und antwortet: »fich hie, und fag dem pfeiffenmacher, ift Ulenfpiegel in diefer gaffen nit gefeffen, fo weifs ich nit in was ftrafsen er fitzt«; das Original hatte vermuthlich: »oft he Ulenfpegel nicht en fut in deffer gaten, fo en weit ick nicht, in welker ftraten«.

13. vorteilig (Hi. 92).

Die Annahme Walthers (S. 30), dafs das »vorteilig« durch einen Druckfehler zu erklären fei, fcheint mir ficher; das konjicirte »vordretlik« kommt mir aber reichlich fchwach vor: ftärker ift und noch beffer pafst »vorderflik« (Mnd. Wb. 5, S. 338: »vorderflike bosheit«), verdruckt: »vorderlik«. Roftock. K. Koppmann.

[1]) Aus Hamburgs Vergangenheit, Erste Folge S. 251.

2. **Zum Redentiner Osterspiel** (Nd. Denkmäler 5. Band).

a. 1) Vers 174: he scholde en jar an der hasen quelen. Wird der Ritter seinem Gegner dat ben befelen. d. i. mit Blut beflecken = mhd. beselwen (vgl. besmytten im Verse 156), womit in prahlerischer Geringschätzung des Geleisteten eine erhebliche Verletzung des Beines gemeint ist, so wird der Schaden ein Jahr lang auch an der Hose sichtbar sein. Das stimmt ganz gut mit dem Sprichwort überein: Me suth an der hasen, wor dat been entweygh is, Bordelsholmer Prov. comm. n. 405.

2) Vers 194: unbestraffet schal he nns nicht untvleghen. Dem handschriftlichen unbestroffet schliesst sich m. E. das im Reinke Vos V. 2660 stehende gestroifet mit dem in der Ueberschrift des Capitels gebrauchten abgestroifet am nächsten an. Ein Mainzer Vocab. ex quo, n. 130 der Stadtbibliothek, dessen Dialekt Weigand in seinem Wörterbuch (unter mergeln) für mittelrheinisch erklärt, während er in Diefenbachs Gloss. »latino-saxonicus«, bei Diefenbach-Wülcker »niederdeutsch« genannt ist, übersetzt excoriare mit streufen. Derlei Abweichungen von dem Lautsystem des besten Mnd., wie z. B. im Red. Sp. wafen, ritter neben wapen, ridder lassen wohl erkennen, dass Manches, was mit dem nicht aus dem heimatlichen niederdeutschen Boden aufgewachsenen Ritterwesen zusammenhing, von dem fremden Muster auch diese und jene Wortform mit überkam. Das mnd. stroifen an der Stelle eines richtigeren stropen, nnl. stroopen, bei Dähnert ströpen, könnte etwa für ein der Weidmannssprache des Adels angehörendes Wort anzusehen sein (vgl. Kehrein, Weidmannssprache S. 14 und 287). Das mhd. stroufen, ubestroufen und bestroufen findet man bei Benecke-Müller, Lexer und Schmeller-Frommann mit reichlichen Belegen. Das in Schröders Text aufgenommene unbestraffet scheint mir a. a. O. als ein auffällig mattes Wort in die muthige Rede des Ritters und besonders zum V. 191 schlecht zu passen. Ich würde vorschlagen, unbestroifet zu lesen, falls sich nicht etwa das handschriftliche unbestroffet enger an das in Francks Etym. Wb. aufgeführte mundartliche nnl. stroppen anschliessen sollte.

3) Vers 274: de dar sytten an desser dusteren grunt. Das handschriftliche duster (dust') wird wohl ebenso beibehalten werden können, wie bitter (bitt') im V. 504; duster, bitter für dusterer, bitterer, vgl. Grimms Gramm. 4, 540 f. und 548 (mhd. und mnl. Belege). So ist auch im V. 608 deutlich vā der erderscher not ausgeschrieben. Dieses erdersch findet sich nach Oudemans Angabe auch bei Maerlant und wird, mit dem oft begegnenden mhd. irdenisch verglichen, für assimiliert aus *erdenisch gelten können. Für den Gebrauch der starken Form des Adj. im Mnd. in gleichen Fällen diene das nächstbeste Beispiel als Beleg: der salygher brud Bordesholmer Prov. comm. 169.

4) Vers 440: to do dat Jhesus quam even. Mir scheint weder die Construction unklar, noch die Stelle verderbt zu sein. Das mit »bis dass« gewiss richtig übersetzte to do dat stelle ich unbedenklich dem altf. te thiu that gleich und verweise auf die in Heynes Heliandglossar (3. Auflage S. 332) bei dem temporal gebrauchten te aufgeführten

Stellen. Das Redentiner Spiel scheint mir in unserem Verse einen kostbaren Rest von alten Sprachformen zu bewahren. Dafs die alte Instrumentalform do = altſ. thiu mnd. auch in der Verbindung mit Comparativen erhalten ist, möge nebenher berührt sein, s. Schiller-Lübben 1, 491. Für »bis dafs« verwendet der Dichter des R. Sp. an anderen Stellen, wie in den VV. 709, 734, 754 wente.

5) Vers 464: ik ruke, wat se braden — Vers 472: ik wet, wat se reten. Wenn man die Verse 474, 481 und besonders 482 in Betracht zieht, so kann man m. E. nicht wohl annehmen, dafs Puk »riecht« und weifs, was die Gäste berathen oder planen. Ich glaube, man hat in den voraufgehenden Versen ik ruke und ik wet mit dem folgenden wat für ein ursprüngliches ik en roke, ik en wet wat zu halten = mhd. inruoche, inweiz waz. Puk spricht anfangs geringschätzig von dem Treiben der Gäste, zum Schlusse seiner Rede wird ihm erst die Bedeutung derselben und die der Hölle drohende Gefahr einigermafsen klar. Unter Einem möchte ich beim V. 472 darauf aufmerksam machen, dafs die Handschrift, die uns für die meisten schwierigen Stellen durch den vortrefflichen Lichtdruck Freybes ersetzt wird, einen richtigen Reim auf das im V. 471 stehende prophetheren in reren bieten dürfte: prophethere, das auch im V. 980 steht, entspricht einem aus prophetare hervorgehenden *prophetator, wofür sich Belegstellen werden finden lassen; reren, welche Lesung die in der Hs. leicht mögliche Verwechslung von t und r zuläfst, ist dem höchst verdächtigen reten jedenfalls vorzuziehen.

Leitmeritz. J. Peters.

b. V. 1651. holt den rechten kodef.

Während man bisher, soviel ich sehe, an der Richtigkeit der Lesart kodef = Kuhdieb im allgemeinen nicht gezweifelt hat, vermutet C. Schumann im Korrespbl. XVII, 70, dafs koredef = Meisterdieb zu lesen sei, ein Wort, das jedoch nach Schumanns eigenem Bemerken im Nd. Wörterbuche nicht verzeichnet ist. Auch halte ich das Häkchen, das in der Hs. über dem o in kodef steht, nicht für die bekannte Abkürzung von re, sondern für v (= u). Freybe hat vermutet, dafs kodef auf Verwechselung mit kedlf beruhe, allein dagegen spricht schon der Umstand, dafs letzteres Wort sehr häufig und unzweifelhaft allgemein bekannt war. Auch ich vermute, dafs kôdef einer Verwechselung seinen Ursprung verdankt, und zwar mit dem nd. goudef, ‚Gauner'. Dies Wort, das seit dem 17. Jahrh. (s. Weigands D. Wb. I, 615) auch ins Hochdeutsche übergegangen ist, findet sich wohl in den meisten nd. Mundarten: Westfäl. (Woeste S. 72) gaudaif, altmärk. (Danneil S. 61) gaudêf; ebenso ostfries. (Vgl. Stürenburg S. 66, der auch dän. gavtyv anführt, aber das Wort falsch ableitet). Auch hier ist das Wort bekannt, wenn es auch von Schambach nicht angeführt wird. Dafs das Fehlen dieses Wortes im Mnd. Wb. auf Zufall beruht, hat man um so eher Grund anzunehmen, als das Adj. gauwe »rasch, schnell«, sowie ein davon abgeleitetes Verb. begowen. »belisten« daselbst (Bd. II, S. 136) genügend belegt ist.

Northeim. R. Sprenger.

3. Zu XVII, 70 und XVIII, 8.

Es wäre für mich »wenig schmeichelhaft«, wenn ich wirklich mit meiner Bemerkung in dem Aufsatz: »Stammesgrenzen zwischen Ems und Weser« den Wenkerschen Sprachatlas hätte verdächtigen wollen, denn ich kenne denselben nur aus einigen Auszügen, die mir Wrede gütigst zugeschickt hat. Meine Absicht war, zu sagen, dafs die Bemerkung in Brandi's Aufsatz irre leite. Denn es wurde, soviel ich mich erinnere, dort nicht einmal die Existenz einer westfälischen Mundart im Gegensatz zur niedersächsischen und einer ravensbergischen im Gegensatz zur münsterländischen erwähnt. Für die Entscheidung darüber, ob die Säule westfälisch (ravensbergisch-osnabrückisch) und die Pferdeköpfe niedersächsisch sind, machen doch $1^{1}/_{2}$ Meilen Unterschied nichts aus, zumal da auch Maurmann nicht leugnen wird, dafs die Mundarten im Kr. Lübbecke und weiter westlich Uebergangsmundarten zwischen dem Westfälischen und dem Niedersächsischen im Hoyaschen sind.

Manches wird man aus dem W.'schen Atlas wohl erfahren, was der Kenner des einzelnen Dialektes nicht weifs, anderes Wichtige aber auch gar nicht. Ob der darwinistische Agnosticismus, den Maurmann in der Schlufsbemerkung zu meinen scheint, das letzte Wort in der Sprachwissenschaft haben wird, mufs die Zukunft lehren.

Segeberg. H. Jellinghaus.

---

4. Zum Göttingisch-Grubenhagenschen Wortschatz.

Weder in Schambachs Wörterbuch noch sonst, soviel ich weifs, sind folgende der hiesigen Mundart angehörige Worte verzeichnet:

1) bråkebusch »eine Platte mit zwei Zähnen zum Flachsbrechen«. Auch die rêpe, die Raufe, womit die Knoten vom Flachs gestreift werden, wird rêpenbusch oder rêpebusch genannt. Dies zur Rechtfertigung Schambachs gegen den von K. E. H. Krause im Jahrbuch 1877, S. 156 ausgesprochenen Zweifel. Ob hiermit auch der Familienname Brakebusch zusammenhängt?

2) voiken, Ausdruck, den die Bäuerinnen gebrauchen, wenn sie die Hühner befühlen, ob sie bald Eier legen werden. Es geschieht dies, um das Verschleppen derselben zu verhüten, vgl. dazu volken, das Deminutiv volen (palpare, tasten) im Mnd. Wb. 5, 298.

3) vrekken = stopfen (nudeln) der Gans.

Während diese drei Ausdrücke mir nur von einem nun in Südamerika verstorbenen Schüler aus dem benachbarten Dorfe Elvershausen mitgeteilt sind, ist mir mehrfach belegt:

4) witchen, Ausdruck für das Entkernen der Zwetschen (Pflaumen) beim Muskochen.

5) Das von Danneil in seinem altmärkischen Wörterbuch verzeichnete Mumms, eine Halskrankheit oder vielmehr Drüsenanschwellung; auch Ziegenpeter genannt, ist auch hier [wohl überall?] allgemein verbreitet. Vgl. engl. mumps (mǒmps) = a peculiar and specific unsuppurative inflammation of the parotid glands. Webster.

6) lite »Bergabhang, Halde« im Namen des Litberges bei Holtens-

hausen; s. Schambach-Müllers Niedersächs. Sagen S. 137. [de lit bei Boveuden.]

Küselwind, Wirbelwind (Schambach S. 117) wird auch als Bezeichnung eines unbeständigen Menschen gebraucht.

dlse = »der eingebundene Flachs am Rocken« wird in Elvershausen auch deise gesprochen.

Northeim. R. Sprenger.

5. Zum mecklenburgischen Wortschatz.

VI.

Zu Korrespondenzbl. XVII, S. 56 und S. 80.

Krause weist mich auf K.-Bl. XIV, S. 11 hin, wo Mielck das unkritische Zusammenschleppen von Namen für Pflanzen verwirft. Es ist bekannt, dass das Volk die Namen Tanne, Fichte und Kiefer vielfach miteinander verwechselt. Ich verstand a. a. O. unter Gräne Abies excelsa (Pinus abies), wohl dasselbe, was Krause Picea excelsa nennt, und behaupte, dass dieser Name nur im Osten der mecklenburgischen Ostseeküste vorkommt, nicht im Westen, also auf der Strecke Rostock-Doberan-Wismar-Proseken-Hohenkirchen-Jameler und Everstorfer Forst-Dassow. Er ist direct Schwedisch.

Krause sagt in seiner Mecklenburgischen Flora (S. 8) selbst: In Mecklenburg wird unter Tanne (Abies) meist Pinus silvestris (Gemeine Kiefer, Tanne) verstanden. Von Picea excelsa (Gemeine Fichte, Rottanne, Gräne) sagt er: »Häufiger Waldbaum, aber, abgesehen vom Nordosten bis Rostock-Malchin, erst seit etwa 100 Jahren eingeführt«. Also wird der Name Gräne dort auch wohl nicht gebräuchlich sein.

Den Namen »Lang Wedderstöt« für Armeria vulgaris (früher Statice elongata) hörte ich von zwei Seiten in der Gegend von Neubuckow. Ganz analog hört man bei Wismar für den Ackersenf (Sinapis arvensis) stets Harrick (Hederich), während man bei Rostock nur Kütick (Kürick) hört. Das Volk unterscheidet also nicht zwischen Ackersenf (Sinapis arvensis) und Ackerrettich, Hederich, Herk (Raphanus raphanistrum).

Dass Sempervivum tectorum nd. Husluk heisst, hielten auch Mielck und C. Beckmann für der Mitteilung wert. (K.-Bl. XIV, S. 12, Beckmann, Abhandlungen des Bremer Naturwissenschaftlichen Vereins, Band X.) Ich glaube nun, dass das Volk auch sedum purpurascens, das bei Gärten und Friedhöfen verwildert angetroffen wird, mit »Hūslak« bezeichnet, es also wieder mit sempervivum tectorum verwechselt. Zu meinen Angaben XVII, S. 55 und 56 trage ich selber Folgendes nach. Ich sagte: De Trẹder ist die Stange, die das Trittbrett mit der Kurbel des Spinnrades verbindet. Einige bezeichnen auch bloss das Trittbrett mit Trẹder (zusammengezogen: Trẹr), andere beides, Stange und Trittbrett. De Trẹr anhacken heisst die Tretstange an die Kurbel haken.

Nach Mitteilung von sachkundiger Seite versteht man an einzelnen Stellen Mecklenburgs unter Hill den Raum über dem Futtergang.

Wismar i. M. O. Glöde.

6. ergattern.

Ein fw. v. ergateru in der Bedeutung 'erzittern' ist in Mittelhochdeutschen Dichtungen überliefert und Lexer im Handwörterb. I. 627 ist geneigt, dies auf ein niederrheinisches ergaten (im Karlmeinet 208, 32) zurückzuführen, das 'empfangen' bedeutet. Besser hierzu passt die Bedeutung, in der ergattern in Quedlinburg noch gebraucht wird. »Hast du es endlich ergattert?« sagt man z. B. zu einem Kinde, das nach langem »Prachern« vom Vater oder der Mutter etwas Gewünschtes erlangt hat. Ist das Wort in dieser Bedeutung noch weiter verbreitet?

[In Hamburg: ja, kaum aber niederdeutsch. W. H. M.]

Northeim. R. Sprenger.

7. Gräne (f. XVII. 1 u. 5).

Zu Gräne ist zu vergleichen ten Doornkaat Koolman, ostfr. Wb. unter »greinen«. Goedel irrt, wenn er meint, schwed. gran sei die Kiefer, es ist immer die Fichte; in erweitertem Sinne umfasst es die Edeltanne und andere in Schweden fremde Nadelhölzer mit kurzen Nadeln, niemals die Kiefer. Ebenso ist es im Norwegischen, wo das Wort aber aus dem Schwed. entlehnt scheint.

Schlettstadt. Ernst H. L. Krause.

8. jädlich.

G. Legerlotz bemerkt in seiner Uebertragung des Nibelungenliedes (Velhagen & Klasing in Bielefeld und Leipzig 1892) S. 220 zu weidlich: »mhd. weidelich, eigentlich jagdgemäss (vgl. Weidmann, Weidmann), dann frisch, keck, wacker, tüchtig. In gleichem Sinne kommt auch jädlich vor, das auf Jagd zurückzugehen scheint; wegen des geschwundenen g vgl. Mädchen im Verhältnis zu Magd«. Ich glaube nicht zu irren, wenn ich in diesem jädlich das auch in Quedlinburg gebrauchte gaetlich (auch jaetlich gesprochen) = »angemessen, passend, schicklich« sehe. Zu vergleichen ist über dies Wort, das ich in den mir zugänglichen niederdeutschen Wörterbüchern nicht verzeichnet finde, Vilmars Idiotikon von Kurhessen S. 118, Schmeller-Frommann, Bayer. Wb. I, 956. Mhd. getelich (f. Lexer I, 943) ist dasselbe Wort, bei dem natürlich an einen Zusammenhang mit Jagd nicht gedacht werden kann.

[In Hamburg und Stormarn »gatlich« = der (scil. guten) Art entsprechend, tüchtig.]

Northeim. R. Sprenger.

9. Matschop. (Zu Schiller-Lübben III, S. 45).

Aus einem Bericht, den Flensburger Kirchen-Visitatoren am 1. December 1815 von der Flensburger Haus- und Wieshardes-Vogtei erstattet.

Mattschuppen enthalten in dem Kirchspiel Nordhackstedt in Parochial-Angelegenheiten einen Inbegriff von Pflichten und Rechten. Als Pflicht dienen sie als Norm von Leistungen, als Rechte bestimmen sie den Antheil der Benutzung der Kirchenstühle und des Kirchhofes.

Das äufsere Parochial-Verhältnifs wird alfo allein nach Mattfchuppen gebildet. Der Befitz von Mattfchuppen gewährt alfo die desfälligen Gerechtfame und beftimmt die Laften fämmtlicher Bohlsmänner. — —

Eine Mattfchup ift in den meiften Dörfern ungefähr gleich $^1/_4$ Pflug. Die Pflüge find unter einander der Gleichheit näher als die Bohlen. —

1 Mattfchup hat folgende Gerechtigkeiten:

a. in der Kirche 1 Manns- und 1 Frauens-Sitz,

b. auf dem Kirchhof 1 Begräbnifsplatz.

Da die Hackftedter Kirche nur klein ift und fämmtliche Einwohner kaum faffen kann, fo waren früherhin, als die Kirche noch häufiger befucht wurde, diejenigen, welche mit einer gröfseren Familie keinen ordentlichen Platz hatten, darauf bedacht, $^1/_3$, $^1/_2$, $^2/_3$ oder 1 Mattfchup an fich zu kaufen: d. h. der Kirchenfreund kaufte foviel Land, als zu dem oben genannten Mattfchuppen-Verhältnifs erforderlich war, und war nun an Gerechtfamen an die Kirche um $^1/_3$, $^1/_2$ etc. Mattfchup reicher. — — —

Schleswig. Hille.

10. fnefewefyt (f. XVII, 50).

Bei dem wunderlichen Wortbilde ›fnefewefyt‹ glaube ich mit Fifcher ein Verderbnifs annehmen zu müffen. Dafs in demfelben das ›nd. fnêfe n. = baumreis‹ ftecke, wie Fifcher vermuthet und Sandvofs für richtig hält, glaube ich nicht, und dafs ›wefyt‹ das ›frz. vifite‹ fei, will mir fchlechterdings nicht einleuchten. Das lat. tempus putationis führt meiner Meinung nach darauf hin, dafs der Abfchreiber ›fyt‹ für ›zyt‹ gefchrieben habe, wie er auch fonft s für das fcharfe z gebraucht (Fifcher S. XLVIII. Die Entftellung liegt in ›fnefewe‹ und gemeint fein mufs, wie wiederum das lat. tempus putationis lehrt, dasjenige Wort, das nd. ›fnetelen‹ lautet, von Vofs (nach Campes Wb.) zu einem hd. ›fchneiteln‹ umgemodelt worden ift und für Brun von Schonebeck, bezw. den Abfchreiber des Gedichts, ›fnefelen‹ gelautet haben wird. Die Handfchrift hat nach Fifcher:

uns ift komen dez fnefewefyt;

zu lefen wird fein: ›di fnefelzyt‹ oder ›des fnefelens zyt‹.

Roftock. K. Koppmann.

11. Dat ruge Hûs.

a. Der Name des bekannten Rettungshaufes „Das Rauhe Haus" in Hamburg wird gewöhnlich als volksetymologifche Umdeutung von Ruge's Hûs erklärt, fodafs Ruge urfprünglich Eigenname wäre. Zweifel an diefer Deutung entfteht mir, da, wie ich aus John Brinckmanns Ausgewählten Erzählungen 2. Teil, S. 216 fehe, auch in Roftock eine Rettungsanftalt, gen. „Dat Ruge Hus", befteht. Oder ift die Roftocker Anftalt nur eine Tochter der Hamburger, die zugleich den Namen der Mutteranftalt übernommen hat?

Northeim. R. Sprenger.

b. Nach C. F. Gaedechens, Hiftorifche Topographie der Freien und Hanfeftadt Hamburg (Hamb. 1880) S. 233, wurde ›in einer Kathe, welche feit alter Zeit das rauhe Haus hiefs", die Rettungsanftalt für fittlich verwahrlofte Kinder 1833, Nov. 1., durch J. H. Wichern, fpäter Dr. theol. und »Hauptführer der evangelifchen innern Miffion« (Lexikon der Hamb. Schriftfteller 8, S. 8) eröffnet. Das Rettungshaus zu Gehlsdorf wurde nach dem Mekl. Staats-Kalender 1845, Apr. 1., gegründet und fteht unter Verwaltung des am 6. Nov. 1843 landesherrlich beftätigten Haupt-Vereins für innere Miffion. Kein Zweifel, dafs der Volksmund den allgemein bekannten Beinamen der Rettungsanftalt in Horn auf das jüngere Rettungshaus in Gehlsdorf übertragen hat.

Roftock. K. Koppmann.

12. So fett fidelt Lux nich (f. VI, 15. 36).

a. Auch mir ift der Urfprung der Redensart dunkel. Wie Freund Latendorf ihren Gebrauch umfchrieb, habe ich fie auch in der Erinnerung aus dem Munde meiner guten Wirthin in Friedland, Frau Weftphal. Dafs Fritz Reuter auch diefem Volksworte Unfterblichkeit verlieh, fei hier noch bemerkt. »So fett fidelt Luchs nich: Speck in Botter bradt un denn mit Lepeln eten« (Bd. 8, 45).

Rom. F. Sandvofs.

b. Die Redensart ift in Ditmarfchen und Stapelholm in angegebener Bedeutung bekannt, und wahrfcheinlich auf einen Fiedelmann Namens Lux zurückzuführen. Man hat ja ähnliche Redensarten, die fich noch auf den Ort ihrer Entftehung zurückführen laffen. Als Beifpiele führe ich an: »Hei fuakt dår dei Ellerbecker Blöim«, wenn jemand in verblümter Sprache etwas fagt; offenbar ift Ellerbeck bei Kiel gemeint. »Hei is Krupper Bufch nöi ni förbi kam«, fagt man von einem, der noch nie Unglück und Not kennen gelernt. Kropper Bufch ift ein Haus unweit Kropp, wo der Sage nach einft Räuber gehauft haben follen. »Dei ftait får Koulhörn«, fagt man beim Kartenfpiel, wenn man eine Karte einfetzt, die keiner ftechen kann. Koulhörn = Kaltenhörn in Eiderftedt.

Dahrenwurt b. Lunden. Heinr. Carftens.

13. Leberreim.

»Schau-Haufs«, hervorgeben von einem Liebhaber der Teutfchen Sprache, Hamburg 1656 (Vorrede schliefst mit J. S. Geben Altona am Tage Ezechielis Anno 1656), enthält allerlei Anbindungs- und Neujahrsgedichte und viele Leberreime und luftige Räthfel (Rützel). Auf B[c] findet fich folgender »Singender Leber-Reim«:

Diefe Leber wil ich fchlecht
Weil fie ift von einem Hecht
Nach der Bauern Art befingen.
Grete fprach zu Schulten Haufs:
Ufe graue Holften Gaufs
Level ftark vor allen Dingen
Ufen Gander, wihl he kan.
Ach had' ik ok ehnen Man
De myn Lieden könde ftillen!

Hanſs wann ik dy recht betracht,
Mobt ik leven dy mit Macht,
Kum und ſy my ok to willen.
Hanſs der ſprach: ô böſe Gret,
Sing my nicht mehr ſölken Led,
Meuſtu my ok wor toh fangen
Als ehn Hekt de andern Fiſch,
Nehn, vor my den Mund man wiſch,
Denn my ſchaſtu nicht erlangen.
Hierauf lieff die junge Dirn
Mit verwirretem Gehirn
Weg von dieſem Bauren Knaben;
Und der Knabe ging auch ſort
Wiederum zu ſeinen Ort.
Hierauf ſolt ihr nicht mehr haben.

Wilhelmshaven. Holſtein.

Litteraturnotizen.

Andree, Die Hillebille. *Zeitſchr. f. Volkskunde* 5, 103—106. — Die Hillebille war ein Gerät, mit dem die Köhler ſich Zeichen in die Ferne gaben. Sie beſtand aus einem glatten Brette aus Buchenholz, das an zwei Schnüren an einer in einem Geſtelle ruhenden Stange hing. Mit einem hölzernen Klöpfel geſchlagen, gab sie einen hellen Ton, der mindeſtens eine halbe Stunde weit, bei gutem Wetter noch weiter gehört wurde. Früher im Harze neben den Köhlerhütten oft begegnend, iſt ſie ſeit den letzten Jahrzehnten geſchwunden. Aus dem Munde alter Harzer rettet der Verf. die Erinnerung an ſie, die als älteſte Form eines Signalgerätes bemerkenswert genug iſt. Verzeichnet war das Wort bisher nur in Schambachs Wörterbuch der Mundart von Göttingen etc.; doch begegnet es in der Schreibung Hellebylle, wenn auch vielleicht an ein anderes Gerät geknüpft, auch in Ursinus Bericht vom ſächſiſchen Prinzenraub. Dieſe Form und der Umſtand, daſs die Bewohner der oberharziſchen Bergſtädte aus dem Erzgebirge ſtammen, laſſen den Verfaſſer vermuten, daſs Sache und Namen aus Mitteldeutſchland nach dem Harze gekommen ſei. Die Form Hellebylle beweiſt das nicht, und auch der zweite Grund wird hinfällig, wenn das Wort ſich ſonſt noch in Niederdeutſchland nachweiſen läſst. In der That iſt das der Fall, nach Jellinghaus, Weſtf. Gramm. S. 107, findet es ſich in der Ravensbergiſchen Mundart, es heiſst a. a. O. ›s t o k f i s k b u o k e n. Sämmtliche Zimmerleute ſchlagen am Abend vor der Hausrichtung in tactmäſsigen Schlägen 1—2 Stunden lang auf die Sparren, die gehoben werden ſollen. Man nennt das auch: hille bille ſläun‹. Es wäre wünſchenswert, daſs noch weitere Nachweiſe über das Vorkommen des Wortes gegeben würden, vielleicht gelingt es dann auch, zu einer ſicheren Etymologie zu kommen. Schambach erklärt es von nd. h i l l e ›ſchnell‹ und mhd. b i l l e n ›klopfen‹, Jellinghaus ſetzt es gleich ags. h i l d e b i l ›Schlachtſchwert‹; ſchlieſslich kann man bezüglich des erſten Wortteils auch an mnd. b i l d e, h e l d e ›Geſtell etc.‹ denken.

Sprenger, Zu Reinke de Vos. *Zeitſch. f. deutſch. Phil.* 28, 32 *f.* — v. 3777 hebbe ick doch to Erfort de ſchole gehölden! (= Reinaert II, 4039) heiſst nicht, wie Lübben und Schröder erklären, »ich bin zur Schule gegangen«, ſondern »ich habe auf der Univerſität Erfurt (als magister artium) doeirt«.

C. Walther, Nein, ſprickt Grawert. *Mitteilung. f. Lüb. Gesch.* 6, 114—120. — Der Spruch im Nd. Reimbüchlein S. XVII, nr. 27 bezieht ſich vielleicht auf den Lübecker Fritz Grawert, den 1538 geſtorbenen Sieger von Bornholm.

von Grotthufs, Das Baltiſche Dichterbuch. Eine Auswahl deutſcher Dichtungen aus den Baltiſchen Provinzen Ruſslands mit einer literaturhiſtoriſchen Einleitung und biographiſch-kritiſchen Studien. 2. Aufl. Reval, F. Kluge 1895 (XLVIII, 428 S.). 6 Mk.

Zu neuem Abdrucke ſind auch eine Anzahl mnd. Gedichte gebracht, von denen mehrere bisher nur an abgelegener Stelle zu finden waren. Allen iſt eine hochdeutſche Ueberſetzung beigegeben, und in den mnd. Texten iſt manche verderbte Stelle teils durch neue Vergleichung der hſl. Ueberlieferung oder Conjectur, teils durch Einſetzung beſſeren Wortlautes aus anderswo überlieferten Faſſungen der Gedichte gebeſſert. Die Leſerkreiſe, für welche das Buch beſtimmt iſt, werden nicht vermiſſen, daſs die hſl. Lesarten nicht angemerkt ſind, für philologiſche Benutzer würden ſie ſehr erwünſcht geweſen ſein. Auſser dem Revaler Mühlenliede und Totentanze ſind aus der Korr.-Bl. 14, 30 beſprochenen Sammlung folgende Gedichte mitgeteilt: Tagelied von der h. Paſſion, Hymnus an St. Annen, Liebesklage, Frauenliebe. Aus der ſog. Livländiſchen Sammlung ſind wiederholt das Geſpräch über Glück und Unglück in der Liebe, Frauenliebe, die beiden Roſen. Von nd. Gedichten ſpäterer Zeit finden ſich zwei Kirchenlieder von A. Knöpken, ein hiſtoriſches Lied von 1556 auf den Krieg zwiſchen Wilhelm von Fürſtenberg und dem Erzbiſchof von Riga, die berühmte Satyre De ſief Düwelskinder von Guſtav von Mengden u. a.

Hecker, Leſſings Laokoon und die Kleinode im Reineke Fuchs. *Zeitſchr. f. deutſch. Unterr.* 8, 571 *ff.* — Verf. führt aus, daſs die der wahren Kunſt entſprechende Schilderungsweiſe Homers, welche Leſſing in ſeinem Laokoon dargelegt hat, auch von dem Dichter des R. V. bei der Anpreiſung der Schatzſtücke (R. V. 4810—5282) angewandt worden ſei.

Notizen und Anzeigen.

Beiträge, welche fürs Jahrbuch beſtimmt ſind, belieben die Verfaſſer an das Mitglied des Redactions-Ausſchuſſes, Herrn Dr. W. Seelmann, Berlin SW., Lichterfelderſtraſse 30, einzuſchicken.

Zuſendungen fürs Korreſpondenzblatt bitten wir an W. H. Mielck, Hamburg, Dammthorſtraſse 27, zu richten.

Bemerkungen und Klagen, welche ſich auf Verſand und Empfang des Korreſpondenzblattes beziehen, bittet der Vorſtand direkt der Expedition, „Buchdruckerei Friedrich Culemann in Hannover, Oſterſtraſse 54" zu übermachen.

Für den Inhalt verantwortlich: W. H. Mielck in Hamburg.
Druck von Friedrich Culemann in Hannover.

Ausgegeben: 25. Mai 1895.

Jahrg. 1894/1895. Hamburg. Heft XVIII. № 3.

Korrespondenzblatt
des Vereins
für niederdeutsche Sprachforschung.

I. Kundgebungen des Vorstandes.

1. Veränderungen im Vereinsstande.

Neu eingetreten sind die Herren:
H. Ertl, H. Mitsdörffer's Buchhandlung, Münster i. W.
Dr. phil. W. Golther, Professor, Rostock i. M.
Dr. phil. E. Liuse, Oberlehrer, Dortmund.
A. Lonke, Reallehrer, Bremen, Hornerstrasse 14.
Dr. phil. H. Mack, Braunschweig, Gausestrasse 9.
Dr. phil. John Meier, Privatdocent, Halle a. S.
H. Nolting, Lehrer, Obermehnen bei Blasheim, Kreis Lübbeke.
Stud. phil. R. Petsch, Berlin N., Chausseestrasse 111.
H. Rüther, Pastor, Neuenwalde, Kreis Lehe.
H. Schelling, Lehrer, Heiden bei Lage in Lippe.
Dr. phil. H. Schmidt-Wartberg, University of Chicago, Chicago, Vereinigte Staaten v. Nord-Amerika.
Schönemann, Gymnasialoberlehrer, Greifswald.
Dr. phil. Schwering, Privatdocent, Münster i. W.
Anton Stübinger, Wismar, Bohrstrasse 3.
H. Teut, Postverwalter, Fuhlsbüttel bei Hamburg.
Heinrich Wernsing, Greenview, Illinois, Vereinigte Staaten v. N.-A.,
und
Königlich Paulinische Bibliothek, Münster i. W.

Veränderte Adressen:
H. S. A. Heye, bisher Leer, jetzt Hannover, Misburgerdamm 19.
Dr. ph. K. H. Bojunga, bisher Leer, jetzt Hannover, Lehzenstrasse 1a.
Direktor Dr. Ostendorf, bisher Hadersleben, jetzt Bunzlau.
Direktor Dr. P. Feit, bisher Ohlau, jetzt Königshütte, O.-S.

Der Verein betrauert den Tod seiner Mitglieder:
Kirchenrath Viëtor in Emden.
Professor Felix Atzler in Barmen.
Professor Dr. Zupitza in Berlin.
Dr. Herm. Hager in Manchester.

II. Mitteilungen aus dem Mitgliederkreise.

1. Zum Redentiner Osterspiel.

1) Vers 243 f. Das handschriftliche sta up here an dyne rowe scheint mir als Brachylogie verstanden einen guten Sinn zu geben: steh

auf, Herr, um in deine Ruhe einzugehen. Vgl. im V. 372: wy scholen ewichliken myt em rowen.

2) Vers 347: dat du em willest gheven. Es dürfte sich vielleicht empfehlen, von dem folgenden überlangen Verse das passende Satzglied bi dime engele in den Vers 347 herüberzunehmen.

3) Vers 368: eyn vorste des vredes —. Es empfiehlt sich meines Erachtens, mit Zacher rades statt vredes zu lesen, da die Uebereinstimmung in den VV. 368 und 360 unzulässig sein dürfte. Die Stelle aus Jesaias, s. Schröders Anmerkung, ist dann in den wichtigen Theilen admirabilis, consiliarius und princeps pacis wiedergegeben.

4) V. 381: westu jeneghe nyghe mere? Wir können zwar, wenn wir Jemand etwas Neues mittheilen wollen, unsere Rede mit den Worten einleiten: Weifst du etwas Neues? statt dieses ›etwas‹ aber nicht ›irgend etwas‹ setzen. So wird der V. 381 wegen des unbestimmten jeneghe, irgend eine, nur zu den Worten Lucifers gehören können (wie in den Ausgaben von Ettmüller und Froning). Das Pronomen jenich ist = alts. io ênig, ahd. io einic (vgl. auch die im DWB. 4, 2, 2309 unrichtig zu jenig ille gezogenen Belegstellen aus Micrälius mit einig DWB 3, 210 β).

Gelegentlich bemerke ich zu V. 382, dafs wir das die Rede Satans in natürlicher Lebhaftigkeit einleitende aha (bei Froning seltsam âha) als Ausruf der Befriedigung, des Behagens auch im Vitulus V. 139 finden: aha, dat heth tho degen tagen. Ettmüller hat ganz willkürlich ja ik statt aha geschrieben.

5) Vers 404: dat en kan nicht gheleghen. Wenn wir hier gelegen mit lügen übersetzen müfsten (Schiller-Lübben 2, 40), so wäre m. E. zwar der Gebrauch der Partikel ge- beim Infinitiv des Hilfsverbums gerade nichts Auffälliges, siehe DWB. 4, 1, 1614 f., ich glaube aber, man hat in unserem Verse gelengen hinausschieben, verzögern und im voranstehenden Verse statt des ohnehin anstöfsigen bedregen, worin freilich Schröder das capere des Evang. Nicodemi erkennen will, das jedenfalls gut passende bedrengen herzustellen. Mnd. gelengen = mhd. gelengen stünde neben dem mnd. auch im Brem. WB. 3, 13 belegten lengen hinausschieben, wie im Mnd. neben lenger ein gelengen (von gelengeren) für Hinhalten, Verzögerung begegnet. Ich übersetze V. 404: das (dieses kommende Unheil) kann nichts hinausschieben.

6) Vers 438: dalu se nicht bryngest an unse hechten. Da se in diesem Verse doch nicht auf die Seele in den Versen 428 und 431 zurückweisen kann, wird ene statt se gesetzt werden müssen. Der Schreiber mochte etwa bei se auch an den unschädlichen Lazarus denken. Zu vergleichen sind die entsprechenden Stellen im Descensus wie im Passional bei Schröder S. 91.

7) V. 440: to do dat Jhesus quam even. Zu diesem V. habe ich nachzuholen, dafs in der Handschrift nicht Jhesus, sondern Jhesu, die richtige Dativform (wie im V. 423) steht, was für die von Sprenger in der Zacherschen Z. 27, 581 (freilich mit Schröders Lesung Jhesus) empfohlene Erklärung der Worte quam even ins Gewicht fällt. Man vergleiche den synonymen Ausdruck: do des gade behelik was V. 737, und bezüglich des im V. 441 mit unde angeschlossenen Satzes, was Seelmann, Gerh. v. Minden, S. 166 f. bemerkt hat. Das dat hinter to do müfste

übrigens nicht als Conjunction erklärt werden, es wird wohl für hd. es gelten. Ueberraschend stimmt, gelegentlich bemerkt, das von mir als temporales te thiu aufgefaste to do mit dem mnl. to de in einem der Bruchstücke des mnl. Val. u. Nam. überein: 1, 25: to de het mi nach gescien und V. 75: to de her quam (oder: het qu. in) die dagheraed. An te thiu that dürfte man sich wohl bei der Deutung von nnl. tot dat zu halten haben, das ich mir wenigstens nicht gut in ein mhd. *zuoze daz umschreiben könnte.

8) Vers 484: gi heren, weset vrame. Es ist doch wohl unpassend, dafs dieser Aufruf zu kräftigem Handeln dem Teufel Puk in den Mund gelegt ist. Eine solche Mahnung wie auch die nächstfolgenden zwei Verse können füglich nur der Macht Lucifers zukommen. Diesem wird auch m. E. V. 483 zuzuweisen sein, vgl. V. 446 f. Dafs die Worte der zwei Verse 485 f. ein Chor der Teufel sprechen sollte, wie Ettmüller meinte (s. die Anmerkung bei Schröder), verträgt sich nicht gut mit der strengen Subordination, auf die Lucifer dringt; dieser hat den vom Höllenvogte Satanas in den VV. 448—450 gegebenen Rath stillschweigend genehmigt, und so kommt es jetzt zu dem durch den V. 483 wohl begründeten Beschlusse: wy willen vleghen snelle usw.

Dafs entweder beim V. 488 oder bei dem zunächst folgenden die Rede wechselt, also Puk nicht mehr spricht, ist in der Hs. selbst, wie ich nachträglich bemerkt habe, an der Wellenlinie zu erkennen, die hinter vrame auf den am Ende der Seite vergessenen Namen hinweisen sollte.

9) Vers 568. Hinter dat wird vermuthlich he einzusetzen sein. Der persönliche Ausdruck ist hier m. E. dem unpersönlichen vorzuziehen.

10) Vers 585: du scholt hir negest mer nulet wesen. Ueber die verschiedenen Textveränderungen an diesem Verse geben Walther und Schröder erschöpfende Auskunft, nachzutragen ist jetzt noch Sprengers Conjectur in der Zacherschen Z. 23, 303. Wenn Schröders Textherstellung sich überhaupt möglichst treu an die Handschrift anschliefst, von der immer noch die irrige Meinung gilt, dafs sie höchst flüchtig und nachlässig geschrieben sei, so kann ich für meine Person auch nur frei bekennen, dafs unser Vertrauen zu dem Schreiber bei einer genauen Durchsicht des Freybeschen Lichtdruckes zunehmen mufs. In unserem Verse bietet m. E. eine geringere Sicherheit, wie zu lesen sei, das vorletzte Wort des Verses. Dieses kann uns auf den ersten Anblick als das Adj. mak erscheinen, aber mit auffällig grofsem Endbuchstaben; mit mak wesen kämen wir sonst ganz gut zurecht. Ich glaube aber, wir haben statt dessen maket wesen zu lesen, worin k mit der Abbreviatur für et etwas mehr, als sonst der Brauch des Schreibers ist, zusammengezogen, nämlich um einen kleinen weiter ausgreifenden Haken verkürzt erscheint. Nach meiner Meinung hat der Vers folgenden Sinn: du sollst hiernächst mürbe gemacht sein, d. i. dein Trotz wird gar bald gebrochen sein.

Für die Aufstellung von mer mürbe = mhd. mar, ahd. maro, marawi (s. DWB. unter märb) wird zunächst merne im Glossar von Bern (Hettemas Ausg. S 47), ferner meer im Brem. Wb. 3, 149 wie auch mär bei Frischbier sprechen können; bei der oft vorkommenden Verwechslung von e und o — an unserer Stelle hat aber allerdings die Hs. ein deutliches e — könnte man immerhin auch bereit sein, statt mer das häufigere mor (more, morwe) in den Text zu setzen. Zu mer oder mor maken verweise ich auf M. Stephans Schachbuch V. 1312. mern maken 4, 357. Synonyma sind auch das mhd. merwen, s. BM. 2, 63, und Veghes bemorven: dyne zele to bemorven unde week to makene, s. bemorwen im Teuthonista Cl. 176. — Wenn schliefslich im V. 585 des Red. Sp. hir negest, das vielfache Anfechtung erfahren hat, nicht in localem, sondern in temporalem Sinne gebraucht wird (obschon sich mit der dramatischen »Einheit des Ortes«, der Bühne nämlich, auch noch rechnen liefse), so steht das mit dem Gebrauche des mnd. naast dem, dem negest nicht im Widerspruch.

11) Zu V, 612. Die Handschrift bietet das richtige des, nicht das.

12) Zu V. 623. Zu den vielen Nebenformen des Namens Tutevillus, s. Schröders Ausg. S. 17, gehören auch die in Schmellers Wb. 1, 631 aus Münchner Hss. aufgenommenen zwei: Titmillus und Cithiphillus (vgl. Titrifillus).

13) V. 659: wane, is ju schen de sucht mede. Der Freybesche Lichtdruck brachte mich auf den Gedanken, es könnte das wanschen dieses Verses auf machschen rathen lassen, von dem eine Nebenform *maschen denkbar wäre, vgl. maschin im Berner Gloss. Hettema 46. Später kam ich zu meiner Ueberraschung auf das im Mnd. Wb. 6, 29 nachgewiesene manschen, und zuletzt erhielt ich durch die Güte Alfr. Holders in Karlsruhe die volle Bestätigung für meine ihm mitgetheilte Vermuthung, dass der Vers im Urtexte laute: Mâschê jw is de sucht mede. »So las ich«, schreibt der genannte Gelehrte, »zuerst mit freiem Auge und nachträglich mit der Loupe. Es ist ein M, nicht ein W. Ausschlag gibt der Verbindungsstrich zwischen M und a.« — Die Wortfolge in unserem Verse entspricht dem Citat aus dem Theophilus: machschein ju en were nicht half so ga bei Sch.-L. 3, 3; de sucht is ju mede heifst: die Sucht haftet euch an, ist euch zugesellt, vgl. bei Sch.-L. 3, 51: valsch is ome mede. Diese »Sucht« haben wir uns als eine Lähmung vorzustellen; man vergleiche die bekannten Verse Schillers, in denen die gelähmten Glieder bestimmt bezeichnet sind: als hätte der allmächtige Gott das Chiragra, könnte nicht dreinschlagen.

14) V. 690: got let my aver sitten unde werden. Got let my werden wird wohl heifsen: Gott liefs mich gewähren. Ueber die Etymologie des mhd. gewähren lassen dürften wir erst von dem Grimmschen Wörterbuch die bisher fehlende sichere Aufklärung zu erwarten haben; ob sie wohl der weit und tief blickende Hildebrand noch vorbereiten konnte? Zu Kilians ghewerden laeten (3. Aufl. S. 140) s. Martins Anmerkung zum Reinaert V. 1119; ghewerden könnte m. E. der Accus. von ghewert sein, s. gewert im mnd. Wb.

15) V. 738: do he schup de werlt usw. Es dürfte sich wohl empfehlen, mit Ettmüller statt des do in diesem Verse dat zu lesen. Die ganze Rede des Engels leidet an allzu grofser Einförmigkeit der Satzverbindung: einem dreimaligen do im Anfang der Sätze folgt ein wiederholtes dar inne, worauf noch ein dar but (?) und endlich ein dar in sich anreiht.

16) V. 743: dar heft dy but gheworpen dyne funde. Die Handfchrift bietet für das 4. Wort des Verfes bt mit darüber gefetztem Zeichen für u (man vgl. die hs. Correctur von gut im V. 1644). Ich glaube, dafs nur ut, nicht but zu lefen ift. In der Vorlage ftand vielleicht vt mit einem gröfseren Anfatzftriche, was dann irrthümlich als bt wiedergegeben werden konnte. Die Correctur wird dann der Schreiber fofort durch das darüber gefchriebene u ausgeführt haben.

17) V. 768: de funne mach ju in den faghel fchynen. Zu vergleichen ift auch: hei fchlept fau lange, bis dat ene de funne in ars fchint Korr.-Bl. VIII, 77 und im Nd. Jahrb. 12, 134: fufs ligfte ja alle tyt, bet datteck de funne in tem afe fchienet, wobei ich gelegentlich bezüglich des pivittik a. a. O. auf diefen Namen des Kiebitzes im Waldeckifchen (bei Curtze 469), vgl. piwit bei Woefte und piewitvogel bei Schuermans, und auf deffen Verwendung für Teufel verweife, f. DWB. 5, 657 unter 1, b.

Leitmeritz. J. Peters.

2. Weftfälifche Etymologieen.

1. Alifo.

Zeitungsnachrichten aus dem Anfange des Jahres 1894 zufolge follte nahe bei Hamm (an der Lippe) nach Alifo gegraben werden. Dazu möge hier eine Vermutung ausgefprochen werden, welche eine alte Meinung neu ftützt.

Die lateinifchen Lexica enthalten keine germanifchen Namen, die mit Hl, Hn oder Hr anfangen, obwohl folche aus fpäterer Zeit doch reichlich überliefert find; auch die römifche Schreibung chl, chn oder chr findet fich nicht in den lateinifchen Wörterbüchern, erft im Mittelalter kommt fie auf. Nun verzeichnen die Karten als einzigen dem überlieferten *Ἐλίσων* oder Alifo ähnlichen Ortsnamen in der in Betracht kommenden Gegend den Namen Elfen, einen ähnlichen Bach- oder Flufsnamen überhaupt nicht. Dagegen haben fie weftlich von Lippftadt einen Bach mit dem keltifchen Namen Glenne. Diefer Bach entfteht weiter nördlich aus einem »Hauftenbeck« genannten Bache und einem Zufluffe namens Liefenbach (Kreiskarte) oder Leefenbach (Generalftabskarte, 1861 geftochen nach Aufnahmen von c. 1830). An dem letzteren, für deffen Namen weftfälifche Urkunden keine älteren Formen überliefern (die Regifter zu Erhard, Regesta Westfaliae und Weftf. Urkb., haben keine Flufsnamen, und eine gefchichtliche Landeskunde Weftfalens fehlt noch), liegt der Ort Liesborn mit dem ehemaligen Klofter gleichen Namens. Der Name Liesborn erfcheint um 1000 (in Wilmans-Philippi, Die Kaiferurkunden der Provinz Weftf. in Nr. 151, Jahr 1019) zuerft; er wird in alter Zeit Lisbern, Lisbarn, Lyfeberen, Lesbern, Liesbern gefchrieben. Die letzte Form fcheint wegen ie fpäteren Abfchriften der älteften Urkunden entnommen zu fein. Jedenfalls findet fich nie vorn hl; aber bei dem Verlufte des Originals der ohnehin fchon verhältnismäfsig fpäten älteften Urkunde von 1019 ift das nicht auffällig, da im elften Jahrhundert hl ufw. fchon oft verfchwunden ift, und der Name Hliego, Liego, Förftemann ahd. Namenbuch Sp. 813 (aus der Gegend von Duderftadt auf dem Eichsfelde), macht für Lisbern urſprüngliches hl möglich, bei der Seltenheit des Stammes ſogar wahrſcheinlich. da beide Namen als erſten Beſtandteil einen Waſſerlaufnamen enthalten werden, wie Rheingau, Hlidbekego uſw., was bei Lisbern ſogar faſt ſicher iſt. Denn »bern« iſt aus bûrin, dat. pl. von ſtn. bûr (ſ. Hildebrandslied) entſtanden, wie z. B. ſicher Heriburin zu Herbern (bei Hamm) geworden iſt, und der ganze Name Lisbern iſt gebildet wie Emsbüren und bedeutet: Wohnungen am Liesbache. Das anlautende hl des Bachnamens, das ſomit indirekt aus dem elften Jahrhundert überliefert iſt, ſcheinen nun die Römer, die vor einem Vokale das jetzige h mit ch oder h wiedergaben (vgl. Chariovalda, Hariobaudes), als eine ihrer Sprache fremde Lautverbindung im Anlaut nicht verſtanden und die Sonans h mit a wiedergegeben zu haben, während die Griechen mit ε 'Ἐλίσων ſchrieben.

Somit wäre mit einiger Wahrſcheinlichkeit vier Meilen öſtlich des unzweifelhaft feſtgeſtellten römiſchen Lagers bei Dolberg ein Bach nachgewieſen, deſſen Name ſich dem lateiniſchen Flußnamen Aliſo unmittelbar gleichſetzen läßt. Ob nun das vom Oberſtlieutenant Schmidt Ende der dreißiger Jahre entdeckte und in der Zeitſchrift für vaterländiſche Geſchichte und Altertumskunde (Weſtfalens) beſchriebene Lager bei dem Bauerhofe Schulte Nomke, an der Römerſtraße nördlich der Lippe, unmittelbar weſtlich der Mündung des oben erwähnten Glennebachs in die Lippe gelegen, das ſeit 20 Jahren verſchwunden iſt, das Kaſtell Aliſo iſt, oder ob es etwas nördlicher, näher bei Liesborn zu ſuchen iſt, wo Hölzermann in ſeinen Lokaluntersuchungen bei Schulte Waltrup eine germaniſche Nachahmung römiſcher Anlage findet, darauf hat der keltiſche Name Glenne keinen Einfluß. Dieſer iſt möglicher Weiſe im Kampfe mit dem germaniſchen Hliſo, den die Römer gehört hatten, für den Unterlauf Sieger geblieben, während der weſtliche Quelllauf, an dem Liesborn liegt, den germaniſchen Namen behalten hat. Jedenfalls ſpricht die ſprachliche Ueberlieferung für dieſe Oertlichkeit mehr als für jede andere, auch als das von Mommſen bevorzugte Elſen bei Paderborn.

2. Weichbild (und Bild).

Als Kluges »Etymologiſches Wörterbuch der deutſchen Sprache« erſchien, wurde in einer Beſprechung desſelben beſonders hervorgehoben, daß man nun die richtige Etymologie des Wortes »Weichbild« habe. Kluges Ablehnung des Zuſammenhangs mit »Bild«, das er m. E. falſch erklärt, erſcheint jedoch unberechtigt, die Erklärung der Wortbildung, insbeſondere der Endſilbe, ungenügend. Alles Nötige findet ſich ſchon übrigens, aber an Stellen, wo man nichts vermutet, gedruckt; nur die Bildungsſilbe ſcheint, weil ganz vorwiegend ſpezifiſch ſächſiſch, wenig bekannt zu ſein.

Die im Folgenden dargelegte Erklärung ergab ſich bei der Beſchäftigung mit den Ortsnamen der älteſten weſtfäliſchen Urkunden und beſonders denen der Herzebrocker Heberolle.

Selbſtverſtändlich iſt Weich- = Stadt anzuſetzen; der zweite Beſtandteil aber hat zum Stamme bill-, das nur noch im engl. bill als Nominalſtamm übrig iſt. Dieſer Stamm hat ſich ſeiner Bedeutung nach gespalten, genau so wie im Griechischen die Bildungen aus οἰκ- εἰκ- zweierlei Bedeutung aufweisen[1], die auf die eine »entsprechen« zurückgehen (εἰκών Bild und ἔοικε es gehört sich, ist recht). So haben wir im Deutschen einerseits billig, Unbilde und -bild Recht (das letztere nur in Weichbild s. u.) und Bild, Bilder, Abbild andererseits. -bild und Bild sind ihrer Bildungsweise nach völlig gleich. Zu ihrer Bildung ist das Suffix gebraucht, das in der Form -ithi im Altsächsischen sehr oft vorkommt, im Gothischen nur in avethi, und später folgerichtig zu -ethe, -ede geworden ist, aber bei Kluge »Nominale Stammbildungslehre der altgermanischen Dialekte« als selten gebraucht erscheint (vgl. Wikithi, Thurnithi, Hramasithi, Wulfithi, Urithi, Ulithi, Bergithi, Eichede, Eschede usw.). Dieses -ithi bildet bei Ortsnamen Collectiva, und zwar neutra, geht auch in den Begriff des Abstraktums über, während altgerm. itha, ida feminina und nomina actionis bildet. Wie nun Collectiva oft einen Plural ersetzen (z. B. die Rechte = die Gerechtsame), so auch hier.

Das älteste Vorkommen des im wesentlichen auf altsächsischem, und zwar besonders westfälischem Boden vorkommenden Wortes ist in Westfalen 1177/78 in der Urkunde Regesta hist. Westf. (von Erhard) 394, wo Wicbilethe mit »ius civile« übersetzt wird; daselbst 416 von 1181 heisst die Uebersetzung »forum« = Markt; 1201, Westf. Urkb.: id iuris . . . . 1222 ist als Bedeutung Hausstättenrente nach Weichbildsrecht (in den Bielefelder Statuten 42. 43), ebenda Hausstätte (45. 46) und Stadtbezirk (52) anzunehmen, 1231 heisst die Uebersetzung id iuris . . ., desgl. 1238, 1245 ius, quod wigbeldereht dicitur, desgl. 1251, 1252 termini opidales, 1253 ius, quod . . ., 1254 heisst es domus, que wicbilethe dicte sunt, 1285 ius opidi, 1288 area, 1290 ius wicbolethe, 1295 villa, 1300 wird die Kornrente von einem Felde so genannt, noch einigemal heisst es Recht. Diese Bedeutung ist also die überwiegende. Sie muss als die ursprüngliche angesehen werden, aus ihr ging die »Stadtbezirk, wo das Stadtrecht gilt«, hervor, aus diesem Collectivum nach ebenso bekanntem Uebergange: »Gut, über welchem das Stadtrecht gilt«, sei es Haus oder Hof. So lassen sich alle vorkommenden Bedeutungen aus der ursprünglichen »Stadtgerechtsame« ableiten. Betreffs Bild = εἰκών vgl. das Wort Gebäude aus gibûwithi.

3. Hellweg.

Ueber die Bedeutung des Wortes Hellweg ist nicht so viel wie über die von Bild und Weichbild geschrieben worden, aber genug; man hat es mit »hell« und dem subst. hella zusammengebracht. Die letztere mythologische Deutung ist wegen der Vorsicht, die man solchen gegenüber beobachten muss, nicht aufgenommen worden. Man braucht auch gar nicht die Unterwelt zu beschwören, eine viel entsprechendere ergiebt sich sehr einfach.

Das Wort findet sich fast ausschliesslich in Westfalen zur Bezeichnung von Strassen in Städten, noch mehr von Wegen im Lande, und zwar sehr oft zur Bezeichnung solcher Wege, die in Folge neuer

[1]) Auch ἰσότης (Gleichheit und Billigkeit) und aequitas haben beide Bedeutungen.

Verkehrswege ihre Bedeutung verloren haben. Es findet sich im Glossarium von Erhards Regestae historiae Westfalicae nicht, ebensowenig im Glossarium des Westfälischen Urkundenbuchs III. (Münstersche Urkunden 1200—1300). Dagegen ist es mir oft in ungedruckten Urkunden begegnet. In einer Urkunde des Klosters Marienfeld (Diöc. Münster) vom 16. Januar 1309 heisst es z. B.: agri sacionales, qui adjacent domui thom heleweghe ad partem australem, qui pertenduntur ad viam publicam, que ducit versus oppidum Lippie. Der Weg, von Wiedenbrück über Langenberg nach Lippstadt führend, hat dem Hofe den Namen gegeben, den auch sonst viele Höfe haben, die an Hellwegen liegen; der Hof liegt im Kirchspiel Langenberg und kommt noch in einer ungedruckten Urkunde des Klosters Marienfeld vom 14. Februar 1310, sowie in der gedruckten Nr. 1116 des Westfäl. Urkb. III. vom Jahre 1280 vor. Immer wird der Name helewech etc. geschrieben, nie mit ll. Dies führt zu der Annahme, dass helewech in seinem ersten Bestandteil mit dem noch heute im Holländischen viel mehr als ganz gebrauchten adj. hêl nhd. heil zusammenhängt, und dass der erste Bestandteil das von diesem vermittelst Anhängung des Suffixes i gebildete Abstractum hêli = Gesamtheit ist. Das Wort entspricht also dem Sinne nach völlig dem jetzigen: Gemeinde, wie auch dem Fremdwort Commune, und das Wort Hellweg, dessen altsächsische Form nicht erhalten ist, und das im ersten Bestandteil dieselbe Vokalverkürzung erfahren hat wie das Wort Bollwerk (von »die Bohle«), bedeutet sehr einfach: Communalweg, öffentlicher Weg, ist also = via publica.

4. Dortmund.

Der Name der ehemaligen freien Reichsstadt heisst in Kaiserurkunden Westfalens 966 Drodminne, 1009 lat. Drotmannia, 1016 lat. Drodmannia; sonst in Kaiserurkunden Trutmenni 927, 941 Throtmannie lat. gen., Throtmannia 948, 974 Trotmenni, 978 Thrutmanniu, 980 Trutmenni, 986 Thrutmannia lat., 990 Trotmanniae lat., usw.

Der zweite Bestandteil ist das durch Anhängung des neutralen Suffixes -ja- gebildete stn. menni, das in den Namen Dulmeni (Dulmine, Dulmannia, Dulmene) und Fiormenni (Karte in von Spruners Atlas) sich noch in Westfalen findet, im Nordischen (vgl. rikmenni) viel öfter gebraucht wird. Der erste wird das stf. druht (Gefolge, Kriegsvolk) sein, in dem, wie drohtin zeigt, o und u wechselt und das h im Niederdeutschen verloren hat, wie drotsete = drost auf alle Fälle zeigt, auch für den Fall, dass das letztere nach der Uebersetzung mit dapifer von druht = getragene Speise, Tracht herkommen sollte. Dortmund war zuerst villa regia, wie schon die häufig von da aus von den Sachsenkönigen erlassenen Urkunden zeigen. Sollte »droht« auf die Besatzung dieses Königshofes gehen?

5. Die Senne.

Die Senne, ein viele Meilen langer Haidestreifen südlich des Teutoburger Waldes, im Westen seit fast 1000 Jahren durch Kolonisation schon bedeutend verkleinert, heisst in der Westf. Kaiserurkunde von 1001, Westf. Kaiserurk. 121, Sinedi, in der Kaiserurk. 125 Sinidi, 126 Sinedi;

in der Werdener Heberolle, Crecelius Collectae IIa, S. 16, saltus Sinithi, aufserdem in einer Kaiserurk. von 965 Sinithi. Später heifst der Name im Mittelalter Sende.

Das Wort leitet sich am einfachsten von stf. hêtha ab unter Annahme des bekannten vergröfsernden Praefixes sin, das ohne Veränderung des Genus oder als neutrales Praefix gebraucht wird. So stellt sich die als richtige anzunehmende Form sin-hêthi dem ahd. sinfluot, dem altf. sinweldi von wald, sinnahti von naht und sinskôni von skôni zur Seite; für den Gegenstand kann es keine passendere Bezeichnung geben.

Wandsbeck. P. Eickhoff.

---

3. Alliterationen.

Bevor ich den Nachtrag zu meinen Niederdeutschen Alliterationen (Forschungen Bd. VI) veröffentliche, wüfste ich gern die Heimat der nachstehenden Reimformeln, die ich irgendwo gefunden habe. Ich erlaube mir, die Mitglieder unseres Vereins zu fragen, wo die hierunter folgenden gebräuchlich sind und ob die Form, in welcher sie gegeben werden, die richtige ist. Die Antwort bitte ich entweder mir selbst oder der Leitung des Korrespondenzblattes mitzutheilen.

1. *m*äkens un *m*üse makt kahle hüse. Old.?
2. dem geiht de bäbbel wie den *ae*nten der *ä*sch.
3. von vorn en *f*esel, von achtern en *o*sse. Westfäl.?
4. so vël *o*gen as *a*rslökker (vom Einäugigen).
5. dat kumt vant *u*tkiken, sä de woerm, do full he in'n *u*ftritt.
6. de kerl hat *b*ane ofs ne *b*otterkarn. Lippe?
7. wei nich *d*ansen kann, mot *d*otten. Westfäl.?
8. he het'n *d*rech as Müller's *D*irk.?
9. dat *h*egen is et *h*ebben. Lippe?
10. *h*egen un *h*enleggen.
11. *k*erken gân un *k*öken stân *k*ranket nich.?
12. up de *k*lnten *k*amen (zu Wohlstand?) Ostfr.?
13. de *k*ôr laowt sin *k*äl un wenn se ok negen *k*rümm het!
14. *k*ubbelig as en *k*üken (kränklich?) Westfäl.?
15. he is to *l*at kamen as Jan Wewer up de *l*anddag.?
16. wat *L*einert nich deit, mot *L*enert wol laten. Bedeutung? Ostfr.?
17. moder min *l*if, vader min *l*ende, is dat gën licht?
18. *e*n *m*öller müt'n *a*nnern ut de *m*öl helpen. Altm.?
19. wor de *m*oltsack ophölt, fangt de *m*ëlsack an.
20. to *p*ingsten, wenn de müggen *p*issen un de *p*ieratz blaffen.
21. up'n *f*orgfal *f*itten.
22. dat was'n *g*oden *t*og, seggt Hans, ut treckt de brût 'n *t*äk ut'n ors.
23. *w*upptig mine *w*achtelte, de oale het fif junge. Westfäl.?
24. en smuck *w*ort wenn't *w*uschen is. Holst.?

Nebenbei die Notiz, dafs die Redensart: *t*rân na *T*romsoe bringen (s. XVIII, S. 10, unter 7) bereits in meinen niederdeutschen Alliterationen (Forschungen Bd. VI, S. 93) hätte gefunden werden können.

Itzehoe. Dir. K. Seitz.

---

4. Benennung des Wagens und seiner Theile.

Der einfache Ackerwagen besteht in einem Gestell, Stell, das aus zwei gesonderten Teilen zusammengesetzt wird, dem Vorderwagen, Vörstell, und dem Hinterwagen, Hinnen- oder Achterstell.

Hauptstücke des Vorderwagens sind die Achse, Ass, Vörass, mit den Rädern und zwei spitz zusammenlaufenden Armen, Vörarm, und die in diesen feststitzende Deichsel, Dissel. Auf der Achse ruht ein Brett, Vörschamel (mnd. schamel und schemel), auf diesem wieder ein bewegliches Querholz, Dre- oder Dreischamel, auf dem die Wagenhölzer, Rung, stehen, gestützt durch (Eisen-) Stangen, Rungenstütt. Der Dreschamel dreht sich auf zwei halbrunden Eisenschienen, Krans, um einen grossen breitköpfigen Nagel, Spannagel, Kollnagel (mnd. Kolle, Kopf), der ihn und den Vörschamel mit der Achse verbindet. Auf dem hinteren Ende der Vorderarme liegt ein Querbalken, hd. Lenkscheit, nd. Glêr, Glerrholt genannt, weil die Spitze des Hinterwagens darauf hin und her gleitet (mnd. glede, das Gleiten). An der Deichsel ist mittelst eines Eisenhakens, Hinnenstock, das Jochholz befestigt. Dieses besteht gewöhnlich aus einem grossen und zwei kleinen, an seinen Enden hängenden Schwengeln, Swengel, gròt un lütt Swengel. Der grosse heisst auch Wacht, Wach (mnd. wacht, Wage) und, besonders bei Pflug und Egge, Ebner, Emer (Gleicher). Mit Wacht meint man aber jetzt auch schon alle drei Schwengel zusammen. Ferner bezeichnet man sie mit Tüg (mnd. tüch, Zeug, Gerät) und mit Tou, Tö, Tei (mnd. touwe, Gerät, Fuhrwerk). Dann unterscheidet man sie als Hinnentò von dem Vörtò, den Schwengeln, die für ein zweites Gespann vorn an der Deichsel angehängt werden. Ein einzelner Schwengel für ein drittes Pferd wird Spitsswengel genannt, weil er ganz dicht an der Deichselspitze hängt. Ein feststitzender Schwengel, wie ihn manche kleinere Wagen führen, heisst Sprenkwacht (warum?), Einspänner haben statt Deichsel eine Schere, Scher, Kluffdissel (mnd. Kluft, Spalt) mit zwei Scherbäumen, Disselbôm.

Der Hinterwagen, auch Langwagen, hat fast die gleiche Gestalt wie der Vorderwagen. Die Achse heisst Hinnenass, das auf ihr ruhende Brett mit den Rungen Hinnenschamel, die beiden Arme Hinnenarme, das ihre Enden verbindende Holz Dreger, Träger. Der Deichsel entspricht der auf dem Glerrholt aufliegende Langbaum, Langbôm. Dieser hat vorn ein Langeisen, Müllsen, mit einer Oese, die in einem viereckigen Ausschnitte, Mûl, der Vorderachse mittels des Kollnagels befestigt wird und so die beiden Wagenteile zusammenhält. Um den Wagen zu verlängern, wird ein zweites Mauleisen mit einem zweiten Kollnagel an das erste gesetzt. Das Rad, Rad, besteht aus Nabe, Nab, mit umschliessender Leder- oder Blechbüchse, Näbn,- Nämpip (mnd. pipe, Röhre), Speichen, Spêk, und Rand, Felg. Die Felge wird aus mehreren Stücken zusammengesetzt mittels eingebohrter Zapfen, Döbel, Düwel(l) (mnd. dovel). Das Rad dreht sich um das Achsenende, Schenkel — im mnd. Wörterbuche als Wagenachse erklärt? — sein Hinabgleiten hindert ein Radnagel, Vörstöker, Lüns (mnd. lunse), oder eine Schraubenmutter, Schrûw.

Zur Herstellung von Seitenwänden dienen Wagenleitern, Ledder, Arnledder (Ernteleiter), oder Bretter, Flèk, Flåk (mnd. vlake, Flechtwerk, Wagenleiter), auch die Bretterunterlage, Uennerbodden, nennt man Flèken; den ganzen Wagen nun Flèkenwagen. Die beiden schmalen und schrägen Wände vorn und hinten heißen Schott, Schild und auch Krätt, worunter zunächst nur ein gitterartiges Schoss zu verstehen ist, und im besonderen die Schosskelle, wie sie Torf- und Frachtwagen führen. Man unterscheidet Vör- und Achter-Schott, Vör- und Achterkrätt (Krätt = Kratt, Busch).

Oben über den beladenen Erntewagen streckt sich der Wiesbaum, wêsbom (pratale).

Lübeck. C. Schumann.

5. Billenbrod.

Das alte bille (Belle, Arschbacke) s. Mnd. Wb. I, 336, Br. Wb. I. 74 u. 87, hat sich in Quedlinburg noch in dem Billenbrod erhalten, kleinen halbrunden Gebäcken, die zu Fastnacht gebacken wurden und wohl der Gestalt ihren Namen verdanken. In zwei Teile gespalten und geröstet wurden daraus die sogen. Zwiebäcke hergestellt.

Northeim. R. Sprenger.

6. Die Hillebille (s. XVIII, 31).

Während der erste Bestandteil des Wortes zum Adj. hell gehört, hat schon Schambach S. 82 wegen bille auf billen »klopfen« verwiesen. Ich möchte noch auf engl. bell Glocke verweisen, welches nach Websters Dict. in einer bestimmten Verwendung synon. mit drum »Trommel« gebraucht wird.

Northeim. R. Sprenger.

7. Drang.

Ein Kutscher, der abergläubisch ist, erzählte mir neulich, dass seine Pferde nie rechte Art hätten. Es lahmte immer eins von ihnen, obgleich der Tierarzt den Grund und die Stelle nie finden konnte. Er fuhr fort:

Ick wet äwer wurvon dat kümmt; up minen Stall sitt'n Drang. Das soll bedeuten, dass Jemand mit scheelem Auge auf seinen Stall sieht, seinen Pferden das Futter nicht gönnt und ihnen etwas anthut. Das Mittel, wie er den »Drang« los werden könnte, wollte er nicht angeben.

Wismar i. M. O. Glöde.

8. ergattern (s. XVIII, 28).

Das Wort ist in Mecklenburg im plattdeutschen Sprachgebrauche unbekannt; auch als hochdeutscher Ausdruck dürfte es von auswärts (Berlin?) eingedrungen sein.

Zernin bei Warnow. Friedrich Bachmann.

9. Hingsen.

Diesen eigenartigen Ausdruck hörte ich von meiner sel. Frau, die ihn von ihrer Mutter, die aus der Gegend von Albersdorf stammte, gelernt. Dar sünd hingsen in'e Bri, d. h. kleine Klöschen, die sich, ähnlich wie beim Anrühren des Mehls, nicht totrühren lassen und inwendig die trockene Grütze enthalten.

Dahrenwurth b. Lunden. H. Carstens.

10. kinen, afkinen (s. XVIII, 10).

kinen = keimen auf dem Lande viel gebraucht, besonders von Kartoffeln, die im Frühjahre anfangen im Keller auszutreiben, afkinen heisst die für den Genuss unzuträglichen Keime vor dem Gebrauche entfernen.

Zernin bei Warnow. Friedrich Bachmann.

11. Loren = Heckenblätter.

Wie unser Vereinsmitglied H. Sohnrey in einer Skizze »Lorenheinrich« (im Hausfreund, Beibl. z. Gött.-Grubenhagen. Zeit. v. 30. Mai 1895) berichtet, werden in seiner Heimat die Heckenblätter »Loren« genannt. Ich kenne den Ausdruck bisher nur als unterrheinisch. Es werden in diesen Gegenden die einjährigen Schösslinge an Bäumen, besonders an Weinreben, so genannt. Wie schon J. Kehrein, Volkssprache im Herzogtum Nassau, Weilburg 1862, 1. Bd., S. 266, bemerkt, ist Lore eine Nebenform von Lode (bei Freiligrath werden die jungen Tannenschösslinge Loden genannt), ahd. lota (in sumarlota), das zu liotan »wachsen« gehört. Weitere Belege für das Vorkommen des Wortes aus niederdeutschen oder dem niederdeutschen Sprachgebiet benachbarten Gegenden wären erwünscht.

Northeim. R. Sprenger.

12. Sund.

Im Versuch eines bremisch-niedersächsischen Wörterbuchs: Bremen 1768, 3. Teil S. 1006, liest man: »Sund wird bei uns oft gebraucht, ohne dass wir bisher die eigentliche Bedeutung angeben können, in den Redensarten: enem up der Sund liggen: einem mit seiner Gegenwart oder mit seinem ungestümen Bezeigen zur Last sein. Ik hebbe em jummer up'r Sund: er belästigt mich stets mit seiner Gegenwart, mit seinem unverschämten Begehren. Blief mi van der Sund: bleib mir vom Halse: belästige mich nicht mehr mit deiner Gegenwart: lass mich ungeschoren.« Nach meiner Ansicht kann es nicht zweifelhaft sein, dass wir es hier mit Sund, Gesundheit zu thun haben [wonach die Redensarten auf S. 1097 unter Nr. 2 einzureihen wären], umsomehr, da sunt in älterer Zeit geradezu für »Leib, Leben« gebraucht wird; vgl. Mnd. Wb. 4, 475, besonders die Stelle aus dem Oldenburger Gebetbuch A. 141: make uns vro myt der ewyghen sunt (dem ewigen Leben). Das bremische: Blief mi van der Sund! entspricht also einem gemeindeutschen: Bleib mir vom Leibe!

Northeim. R. Sprenger.

Litteraturnotizen.

W. Schwartz, Die volkstümlichen Namen für Kröte, Frosch und Regenwurm in Nord-Deutschland nach ihren landschaftlichen Gruppierungen (mit den einzelnen Ortsangaben). Mit einer Karte. *Zs. d. V. f. Volkskunde* 5, 246—264.

Während man die Kenntnis der Grenzlinien, innerhalb welcher mundartliche Eigentümlichkeiten grammatischer Art Geltung haben, seit langem erstrebt, hat man um die Verbreitungsgebiete einzelner Wörter nur sehr vereinzelt sich bemüht und noch nie die Ermittelungen auf einen nur annähernd gleich grossen Teil Deutschlands wie der Verfasser dieser trefflichen Arbeit erstreckt. Seine Tabellen, welche Auskunft über fast 250 Orte Niederdeutschlands und des Rheinlandes geben, zeigen, wie eine Anzahl Ausdrücke in mannigfachem Durcheinander über Norddeutschland verteilt ist, und die Benennungen für Frosch und Kröte in den verschiedenen Gegenden häufig vertauscht sind. Es finden sich für diese, von abgeleiteten Wortformen abgesehen, die Namen forsch, bucke, lork, muck (muggel), padde, pogge, utse (itsche) und vereinzelt noch hopper, röhle, unke u. a. Für Regenwurm begegnet pir, piras (piresel), -made, -lauke, -lork, made u. a. Es ist an sich schon lehrreich, einmal an einigen Beispielen die Verbreitung und den Ursprung mundartlicher Benennungen zu übersehen. Die nahe liegende Frage, ob jene Verbreitungsgebiete mit denen irgend welcher Mundarten zusammenfallen, ist bei dem Mangel geeigneter Hülfsmittel unbeantwortet und damit die weitere Frage nach der Ursache jenes Wechsels unerledigt geblieben. Nur bezüglich des über die Zauche, die Jerichower Kreise und das Havelland verbreiteten, bisher litterarisch noch unbekannten Wortes muggel »Kröte«, sowie des ebenda vorkommenden Pirlork »Regenwurm« giebt der Verfasser eine besondere Erklärung. Unter Hinweis auf das Vorkommen des Aberglaubens von der dämonischen Harke (s. Korr.-Bl. XII, S. 59 ff.) in demselben Gebiete vermutet er, dass, wie dieser Name, auch die beiden Ausdrücke von den vorslavischen Bewohnern der Mark herrühren. Diese Annahme erscheint sehr gewagt, denn Harke- und Muggelgebiet fallen nur zu einem kleinen Teile zusammen, ferner ist die Möglichkeit ausser Acht geblieben, dass das Diminutiv muggel durch alte Colonisten aus Mittelfranken, wo man das Wort muk »Kröte« kennt, eingeführt und verbreitet worden ist.

C. Dirksen, Meidericher Sprichwörter, sprichwörtliche Redensarten und Reimsprüche mit Anmerkungen. 2. Aufl. Königsberg, Hartung 1893. 56 S. Kl. 8°. M. 1.

280 Sprichwörter in Meidericher Mundart, einige davon sind in Meiderich (Kreis Mülheim a. d. Ruhr) selbst entstanden. Beigegeben sind S. 24—42 lehrreiche Erläuterungen und S. 43—54 litterarische Nachweise. Die letzteren sind selbständig gefunden, nicht aus Wanders Sprichwörter-Lexikon entlehnt, das freilich sehr viele Ergänzungen bieten würde, anderseits aber selbst durch die vorliegende verdienstliche Arbeit öfter ergänzt wird.

Th. Siebs, Westfriesische Studien. Aus dem Anhang zu den Abhandlungen der K. Akad. d. Wiss. zu Berlin v. J. 1895. Berlin, G. Reimer 1895. 61 S. 4.

Die Studien betreffen die von dem Verfasser in Oxford untersuchten fries. Junius-Handschriften und bringen endlich die längst erwünschte Klarheit über ihren Inhalt und Wert. Die Hoffnung, in ihnen auf alte Inedita zu stossen, ist freilich unerfüllt geblieben, aber die Untersuchung wurde durch einen andern Fund gelohnt. S. weist nämlich nach, dass der Text einer verschollenen altwestfr. Handschrift, des Codex Unia oder Gabbema, uns von Junius eigener zuverlässiger Hand teils durch Abschrift, teils durch Einzeichnung der Varianten in einen alten Druck gerettet ist. Weicht der Inhalt von den bisher bekannten Ueberlieferungen des westfr. Rechtes auch nicht wesentlich ab, so ist jener Text doch wertvoll, weil die Sprache älter (vor 1450) und die Aufzeichnung zuverlässiger ist. Besonders auf ihn gestützt bereitet S. eine kritische Ausgabe der westfr. Rechtsquellen vor und bietet auf S. 47—53 bereits eine Probe des neuen Textes, welche die ersten 16 Paragraphen des Schulzenrechtes umfasst. Von den übrigen Juniushss. verdienen besonders noch diejenigen, welche Gedichte von Japiks enthalten, Beachtung, weil der in ihnen gebotene, in Wortlaut und Schreibung von den Drucken abweichende Text von Junius unter den Augen des Dichters geschrieben ist.

O. Bremer, Beiträge zur Geographie der deutschen Mundarten in Form einer Kritik von Wenkers Sprachatlas des deutschen Reichs. Mit 11 Karten im Text. Leipzig, Breitkopf & Härtel (XVI, 266 S.) Mk. 5.

G. Wenker, F. Wrede, Der Sprachatlas des deutschen Reichs. Dichtung und Wahrheit. I. G. Wenker: Herrn Bremers Kritik des Sprachatlas. II. F. Wrede: Ueber richtige Interpretation der Sprachatlaskarten. Marburg, Elwert (52 S.) Mk. 1.

Bremer hatte in der Vorrede zu Mentz' Bibliographie der Mundarten die Behauptung ausgesprochen, dass die Wenkerschen Linien zum grossen Teil nicht zuverlässig und daher nur mit äusserster Vorsicht zu benutzen seien. Der Rechtfertigung dieser Behauptung, die das peinlichste Aufsehen erregt hatte, ist das vorliegende Buch gewidmet. Br. beginnt mit einer Prüfung der drei Formulare, welche in seiner Vaterstadt Stralsund für den Sprachatlas angefertigt sind, und findet in ihnen mancherlei Irriges. Während man z. B. in Stralsund gleichmässig allein he und lef, lewes (hei nur, wenn stark betont) spreche, böten die Formulare neben überwiegendem he dreimal hei, und »liebes« werde von einem Lehrer mit e, von zweien mit ei geschrieben. Das Material des Sprachatlas sei also nicht durchweg zuverlässig. Abgesehen von den Fehlern der Aufzeichnung liessen sich noch andere Fehlerquellen nachweisen, welche die Zuverlässigkeit des Sprachatlas in Frage stellen, in Betracht kommen besonders Fälle, in denen es Doppelformen infolge eines in Fluss befindlichen Lautwandels gebe, und besonders die mangelhafte Orthographie. Br. sucht den Beweis hierfür zu führen, indem er auf die Einzelheiten von elf von ihm genauer studirten Karten (Eis, Gänse, Hund, ich, Kind, Pfund, Salz, sechs, was, Wasser, Wein) eingeht und in ihnen zahlreiche irrige Ansetzungen findet, die er auf Grund eigener Kenntnisse, eingeholter schriftlicher Mitteilungen, sowie der Angaben gedruckter Localgrammatiken richtig stellt.

Br. stellt mitunter in Bezug auf phonetische Exaktheit an den Atlas Ansprüche, deren Erfüllung diesem von vornherein diejenigen nicht zugemutet haben, welche nur praktifch erreichbares von ihm verlangen. Aber auch abgefehen von folchen Fällen würde der Atlas, wenn Bremer Recht hätte, fo viele und fo erhebliche Ungenauigkeiten bieten, dafs feine Angaben in der That nur mit grofser Vorficht zu benutzen wären.

Wenker hat nicht gezögert, auf die Angriffe, die gegen sein Lebenswerk gerichtet wurden, zu antworten. Seine Kritik des Bremerfchen Buches ift für dasfelbe vernichtend. Indem er darlegt, dafs Bremer in Bezug auf den Atlas unwahre Angaben vorbringe, die nur durch ungenaues Studium desfelben fich erklären laffen, raubt er auch das Vertrauen zu den Mitteilungen Bremers, die aus anderen Quellen gefloffen find. Ferner weift W. nach, dafs Grundanfchauungen Bremers über die Mundarten im Widerfpruch zu ficheren Thatfachen ftehen, und diefer feinen irrigen Vorausfetzungen zu Liebe richtige Angaben feiner Gewährsleute zu eigenen falfchen umgeftaltet habe.

Mit Wenkers Entgegnung ist ein Vortrag Wredes abgedruckt, der zwar vor dem Erfcheinen von Bremers Buche gehalten war, trotzdem aber geeignet fcheint, die Furcht abzufchwächen, dafs die wenig einheitliche und mangelhafte Rechtfchreibung der Formulare die Richtigkeit der Sprachkarten in bedenklicher Weife beeinfluffe. In lichter, klarer Darftellung zeigt er an einigen ausgewählten Beifpielen, wie gerade die Mannigfaltigkeit der Schreibung einzelner mundartlicher Formen dazu helfe, die richtige lautliche Auffaffung zu gewinnen. Seine Ausführungen haben nicht allein Wert für die Benutzer der Karten, fie find lehrreich für alle, die aus der gedruckten Dialektlitteratur Schlüffe auf den Lautftand der Mundart ziehen wollen. Freilich lehren die von Wr. herausgezogenen Beifpiele auch das, dafs das Material der Karten nicht allein zu einer phonetifch genaueren Auffaffung immer genügt, fondern dafs aus der lebendigen Kenntnis der Lokalmundarten übermittelte Angaben hinzutreten müffen, mit anderen Worten, dafs fonft »die Bearbeiter des Sprachatlas das eine oder das andere aus ihrem Material« entnehmen würden, »was der Einheimifche anders beurteilt hätte«.

Wr. fchliefst mit dem Wunfche, dafs die Sprachkarten nicht länger wie totes Capital ungenützt lagern, fondern wiffenfchaftliche Verwertung finden möchten. Leider ift es trotz beften Willens gar nicht so leicht, all die Farbennüancen und »all diefe Hunderte von Fähnchen, Häkchen etc.« ficher zu deuten. »Was follen«, fchrieb mir verzweiflungsvoll ein Fachgenoffe, »die Karten mit ihren unzähligen Zeichen und Linien, wenn Gelehrte, welche die deutfchen Dialekte zu ihrem Studium erwählt haben, und welche an die Karten doch nur mit der Abficht gegangen fein können, das richtige aus ihnen herauszulefen, fich fo in ihnen geirrt haben, wie Wenker es Bremer nachweift?« Ob die Benutzung der Karten nicht wefentlich erleichtert würde, wenn nach dem Vorbilde von Fifchers Atlas für Schwaben die Varianten der Schreibung kartographifch nicht angemerkt würden? Diefelben müfsten natürlich in complementären Textheften verzeichnet werden.

Wir erfahren aus Wenkers Schriftchen, dafs erft ein Viertel des Atlas vorliegt. Auf feinen Abfchlufs kann man in zehn, fünfzehn oder mehr Jahren hoffen. Da wäre es doch zu wünfchen, dafs dem Leiter der Atlasarbeiten mehr Hilſsarbeiter vom Reiche bewilligt werden, thunlichſt aus den verſchiedenſten Teilen Deutſchlands, damit einerſeits das grundlegende Nationalwerk ſchneller gefördert, anderſeits Kräfte ausgebildet werden, welche die Ergebniſſe zu druck- und brauchbaren Atlanten mäſsigen Umfangs für die einzelnen Landschaften verarbeiten könnten. W. S.

Meyer, Karl. Niederdeutſches Schauſpiel von Jacob und Eſau. *Zs. f. dtſch. alt.* 39, 423—26.

Das einen lateiniſchen Cantus und 18 mnd. Verse bietende Bruchſtück iſt auf einem um 1400 beſchriebenen Pergamentblatte im diplomatiſchen Apparat der Univerſität Göttingen erhalten. Seine Herkunft läſst ſich auch aus den Sprachformen nicht genauer beſtimmen. In Braunſchweig, woher das mnd. Fragment von Simſon ſtammt, iſt es nicht entſtanden.

Notizen und Anzeigen.

An mich gerichtete Anfragen veranlaſſen mich zu der vielleicht willkommenen Anzeige, daſs von den Schriften Schierenberg's die folgenden noch durch Max Ihle (Schenk's Buchhandlung) in Detmold zu beziehen ſind:

Der Externſtein zur Zeit des Heidenthums. 1871. Preis 1 Mk.
Die Götterdämmerung. 1881. Preis 1 Mk. 25 Pf.
Deutſchlands Olympia. 1875. Preis 4 Mk.
Die Varusſchlacht. 1875. Preis 25 Pf.
Die Römer im Cheruskerlande nebſt die Kriege der Römer. 1862 u. 1888. Preis je 2 Mk. 50 Pf.
Die Götter der Germanen. 1894. Preis 4 Mk. H. Jellinghaus.

Zum Kaland des Pfaffen Konemann.

Nach Kollation der Handſchrift B ergab ſich die Notwendigkeit, auch A noch einmal zu vergleichen, da Salle an nicht wenigen Stellen geirrt hat. Ich lege die Ergebniſſe mit einer neuen Ausgabe vor.

Göttingen. K. Euling.

Für die Bibliothek der Theobaldſtiftung dankend erhalten:

In ons zeventiende gewest (handelt über das Deutſchthum in der nordfranzöſiſchen Grafſchaft Arteſie [Artois], jetzt département du Pas de Calais). Separatabdruck aus der Zeitſchrift de Tijdſpiegel, Jahrgang 1895, Verfaſſer: Johann Winkler in Haarlem. Vom Herrn Verfaſſer.

Vom Hanſatag in Bielefeld. Bericht über die Jahres-Verſammlung des Hanſiſchen Geſchichts-Vereins und des Vereins für niederdeutſche Sprachforſchung, 3.—6. Juni 1895, von P. Friedrich Bachmann-Zernin. Sonderabdruck aus der „Roſtocker Zeitung". Roſtock 1895. Druck von Adler's Erben. 23325.

Beiträge, welche fürs Jahrbuch beſtimmt ſind, belieben die Verfaſſer an das Mitglied des Redactions-Ausſchuſſes, Herrn Dr. W. Seelmann, Berlin SW., Hagelsbergerſtraſse 10, einzuſchicken.

Zuſendungen fürs Korreſpondenzblatt bitten wir an W. H. Mielck, Hamburg, Dammthorſtraſse 27, zu richten.

Bemerkungen und Klagen, welche ſich auf Verſand und Empfang des Korreſpondenzblattes beziehen, bittet der Vorſtand direkt der Expedition, „Buchdruckerei Friedrich Culemann in Hannover, Oſterſtraſse 54" zu übermachen.

Für den Inhalt verantwortlich: W. H. Mielck in Hamburg.
Druck von Friedrich Culemann in Hannover.

Ausgegeben: 31. December 1895.

Jahrg. 1894/1895. Hamburg. Heft XVIII. № 4.

Korrefpondenzblatt

des Vereins

für niederdeutfche Sprachforfchung.

Diefe und die folgende Nummer des Korrefpondenzblattes hatte unfer lieber, theuerer Freund Mielck im Manufcript noch fertig geftellt, das Letzte, was er für den niederdeutfchen Sprachverein leiften follte.

Am Morgen des 16. März machte ein Gehirnfchlag feinem raftlosen Leben ein jähes Ende.

Von früher Jugend an hatte er feine ganze Kraft in den Dienft der Allgemeinheit geftellt, bei jeder Gelegenheit war er zielbewusst für die ideellen Intereffen feiner Vaterftadt eingetreten, befonders für feine geliebte niederdeutfche Mutterfprache, die ihm wirkliche Herzensfache war, um deren Erforschung er fich unfchätzbare Verdienfte erworben.

Für den niederdeutfchen Sprachverein ift das Hinfcheiden Mielcks ein unerfetzlicher Verluft. Er war nicht blos der Stifter, fondern auch der eifrigfte und erfolgreichfte Pfleger unferes Vereins, der ihm vor allen Anderen feine gedeihliche, ftetige Entwicklung verdankt.

Wer das Glück gehabt hat, Mielck näher kennen zu lernen, wird feinen Tod als einen fchweren perfönlichen Verluft empfinden. Vergeffen wird ihn keiner.

Sein ftilles, felbftlofes Wirken möge für alle Vereinsgenoffen vorbildliche Kraft haben, damit der Verein im Geifte feines verdienten Gründers fortfchreite und gedeihe.

Der Vorftand.
Reifferfcheid.

I. Kundgebungen des Vorstandes.

1. Jahresversammlung 1896.

In hergebrachter Verbindung mit dem Vereine für hansische Geschichte wird unsere Jahresversammlung in Bremen am 26. und 27. Mai stattfinden.

Der Vorstand ladet alle Mitglieder freundlich und dringend ein, sich an derselben zu betheiligen.

Anmeldungen von Vorträgen, Mittheilungen und Anträgen bittet der Vorstand an den Vorsitzenden des Vereins, Herrn Professor Dr. Al. Reifferscheid in Greifswald zu richten.

2. Veränderungen im Vereinsstande.

Neu eingetreten sind die Herren:

Stud. phil. Georg Baesecke, Adresse: Herrn Professor Dr. L. Hänselmann, Braunschweig.

Dr. phil. A. Berger, Privatdocent, Bonn, Weberstrasse 6.

Arnold Crüwell, Fabrikant, Bielefeld.

Dr. phil. Eduard Kück, Gymnasiallehrer, Rostock i. M., Grosse Wasserstrasse 6.

J. Leithaeuser, Oberlehrer am Realgymnasium, Barmen, Grosse Flurstrasse 18.

Dr. phil. Steinbrecht, Gymnasialoberlehrer, Kolberg,

und

Bryn Mawr College, Bryn Mawr, Pa. USA. Adresse: Herrn Otto Harrassowitz, Buchhändler, Leipzig.

Koninklijke Vlaamsche Academie vor Taal- en Letterkunde, Antwerpen. Adresse: Herrn A. Siffer, Buchhändler in Gent, St. Baafsplein.

Comité Flamand de France »Moeder Tael en Vaderland«. Adresse: Herrn Eugène Cortyl, Bailleul, Département du Nord, Frankreich.

Veränderte Adressen:

Geh. Oberjustizrat Hamm, bisher Oberstaatsanwalt in Köln, jetzt Oberreichsanwalt in Leipzig.

Kandidat des höheren Schulamts A. Fr. Kirchhoff, bisher Leer, jetzt Aurich.

Professor Dr. Fr. Renfing, bisher Freiburg in der Schweiz, jetzt Rechtsanwalt in Wesel.

Dr. phil. Rogge, bisher Schlawe, jetzt Gymnasialdirektor in Neustettin.

Dr. phil. O. Gloede, bisher Wismar, jetzt Gymnasialoberlehrer in Doberan, Dammchaussee 265.

Wilh. Lückerath, bisher Rektor in Hainsberg, jetzt Pfarrer in Waldfeucht, Rgsbz. Aachen.

Dr. phil. H. Schmidt-Wartenberg, Professor, University of Chicago, Chicago.

Der Verein betrauert den Tod seiner Mitglieder:

Major R. Strackerjan in Oldenburg.

Senator Leppien in Lüneburg.

Professor Dr. O. Erdmann in Kiel.

Dr. W. Köppen in Ottensen.

3. Bericht über die zwanzigſte Jahresverſammlung des Vereins. Abgehalten zu Bielefeld am 4. und 5. Juni 1895 [1]).

Theilnehmer und Gäſte derſelben waren die Herren:

Paſtor Fr. Bachmann-Zernin bei Warnow, Bibliothekar Dr. Bahlmann-Münſter i. W., Oberlehrer Beller-Bielefeld, Oberlehrer J. Bernhardt-Solingen, Arnold Bertelsmann-Bielefeld, Lehrer A. Bloemker-Bielefeld, Senator Dr. W. Brehmer-Lübeck, von der Brincken-Bielefeld, A. Crüwell-Bielefeld, R. Crüwell-Bielefeld, Lehrer Carl Dirkſen-Meiderich, Schriftſteller H. Engel-Hamburg, Oberlehrer Dr. Dünzelmann-Bremen, Univerſitäts-Profeſſor Geheimrath Dr. R. Frensdorff-Göttingen, Kandidat des Schulamts Heye-Leer, Gymnaſial-Profeſſor Dr. Hölſcher-Herford, Archivar Dr. K. Koppmann-Roſtock, Archivaſſiſtent Dr. Krumbholtz-Münster i. W., Oberlehrer Dr. Linſe-Dortmund, Dr. H. Mack-Braunſchweig, Schulvorſteher R. Meisner-Hamburg, Apotheker Dr. W. H. Mielck-Hamburg, Gymnaſial-Direktor Profeſſor Dr. Nitzſch-Bielefeld, Lehrer H. Nolting-Schildeſche, Archivar Dr. Prieſack-Göttingen, Oberlehrer Dr. Reeſe-Bielefeld, Univerſitäts-Profeſſor Dr. Al. Reifferſcheid-Greifswald, Oberlehrer Dr. Fr. Runge-Osnabrück, Lehrer Schelling-Heiden, Dr. Schrader-Bielefeld, Privatdocent Dr. J. Schwering-Münſter i. W., Dr. jur. Sieveking-Leipzig, Oberlehrer Dr. R. Tümpel-Bielefeld, Dr. Chr. Walther-Hamburg, Dr. Jul. Wilbrandt-Bielefeld.

Am Dienstag Morgen früh 8½ Uhr fanden im groſsen Saale der Reſſource die Begrüſsungen ſtatt. Herr Bürgermeiſter Bauſi hieſs die beiden Vereine im Namen der gaſtgebenden Stadt willkommen. Ihm folgte Herr Gymnaſialdirektor Dr. Nitzſch, der im Namen und Auftrage des hiſtoriſchen Vereins für die Graffchaft Ravensberg der Freude Ausdruck gab, daſs der Verein die beiden verbundenen Vereine in ſeine Mitte aufnehmen könne, und die Hoffnung ausſprach, daſs das Zuſammenſein dieſer Pfingſttage auch ſeinem Vereine Segen und Förderung bringen werde.

Beiden Herren dankte der Vorſitzende des Hanſiſchen Geſchichtsvereins, Herr Senator Dr. Brehmer aus Lübeck.

Darauf fand eine gemeinſame Sitzung beider Vereine ſtatt zum Andenken an den verſtorbenen Profeſſor der Geſchichte Dr. Weiland-Göttingen, der ſich auch um die niederdeutſche Philologie namhafte Verdienſte erworben, der allen Theilnehmern an den Pfingſtverſammlungen eine ſympathiſche Erſcheinung geweſen und vielen ein lieber Freund geworden war. Die Gedächtnisrede auf ihn hielt Herr Geh. Juſtizrat Profeſſor Dr. Frensdorff-Göttingen, der dem theueren Verſtorbenen auch perſönlich nahe geſtanden.

Frühzeitig, im Alter des kräftigen Mannes, mitten aus gedeihlichen Arbeiten, ſei W., der Schüler von Georg Waitz, welcher die geſchichtliche Wahrheit nicht in den Dienſt einer Partei geſtellt, ſondern der

---

1) Gleichzeitige ausführliche Berichte über die Verhandlungen und die Zuſammenkünfte während der Verſammlungstage in Bielefeld haben gebracht Herr Henry Engel in den Hamburger Nachrichten No. 180, 181, 182 und Herr Paſtor Fr. Bachmann in der Roſtocker Zeitung No. 273, 275, 277, 279, 287, 289, 291.

sie gepflegt um ihrer selbst willen, seinen Freunden und seiner Wissenschaft entrissen, aber doch sei er glücklich zu preisen, denn er habe zu jenen Glücklichen gehört, die wissen, was sie wollen und mit einem festen Ziele vor Augen ihren Weg gehen. Seine Hauptthätigkeit sei auf die Erforschung der mittelalterlichen Geschichte des norddeutschen Landes gerichtet gewesen. Die Ergebnisse seiner erfolgreichen Studien habe er in einer grossen Reihe von Publikationen der Nachwelt erhalten. Viel habe er auch auf dem Gebiete der Rechts- und Verfassungsgeschichte geleistet, in der germanischen Philologie sei er so beschlagen gewesen, dass er in Giessen mehrere Jahre hindurch germanistische Uebungen geleitet habe. Sein Tod sei ein schwerer Verlust für die Wissenschaft. Die Versammlung ehrte am Schlusse des Vortrages den Verstorbenen in üblicher Weise.

Um 12¼ Uhr begann die Sitzung der Versammlung des Vereins für niederdeutsche Sprachforschung unter der Leitung des Vorsitzenden des Vorstandes, des Herrn Professor Al. Reifferscheid aus Greifswald. Dieser erstattet zunächst den Jahresbericht, beginnend mit warmen Worten der Erinnerung an die im verflossenen Jahre verstorbenen Vereinsmitglieder Schierenberg, Professor Bechstein, Kirchenrath Vietor. Die beiden ersteren hätten dem Verein von der ersten Zeit seines Bestehens an angehört, Bechstein sei zuerst für die Lebensfähigkeit und wissenschaftliche Bedeutung des neuen Unternehmens mit Entschiedenheit eingetreten. Er habe an den Bestrebungen des Vereins publicirend werkthätig theilgenommen und als Universitätslehrer bei seinen Hörern ein reges Interesse für die Erforschung des Niederdeutschen zu wecken gewusst. Der alte Schierenberg, ein für Mythologie und Sagenforschung begeisterter, auch publicistisch thätiger Dilettant, sei den Besuchern der früheren Jahresversammlungen eine gern gesehene Erscheinung gewesen.

Der Verein halte sich trotz dieser Verluste auf seiner Höhe. Weiteres Wachsthum müsse er in den Kreisen der Schulmänner suchen; die höheren Schulen in Gegenden mit niederdeutscher Mundart müssten im Interesse des deutschen Unterrichts für ihre Bibliotheken Mitglieder des Vereins werden. Ohne Berücksichtigung der eigentlichen Muttersprache müsse der deutsche Unterricht, wie sich thatsächlich mit Leichtigkeit nachweisen lasse, an den niederen und höheren Schulen in solchen Gegenden erfolglos bleiben. Ein gründliches Verständnis des Niederdeutschen lasse sich aber nur durch Erforschung der niederdeutschen Mundarten gewinnen, in deren Dienst sich unser Sprachverein gestellt hat. Mit Hülfe der Mundart des Schülers lasse sich leicht das Gefühl für die Erkenntnis des Lebens der Sprache nachhaltig wecken, und so könne der gesammte Sprachunterricht durch verständige Rücksichtnahme auf die meist verachteten mundartlichen Eigenarten des Schülers belebt und vertieft werden.

Die wissenschaftlichen Arbeiten im Verein haben nicht geruht. Das Jahrbuch sei rechtzeitig erschienen. Vor kurzem sei der 4. Band der Drucke fertig geworden, den alle Mitglieder des Vereins unentgeltlich erhalten. Der Verein verdanke das der Munificenz der germanistischen Section des Vereins für Kunst und Wissenschaft in Hamburg, der die Zahlung der Druckkosten auf sich genommen habe. Dieser Band werde ferner noch jedem für das Jahr 1895 eintretenden neuen Mitgliede nachgeliefert werden. Er enthalte, herausgegeben von J. Bolte und W. Seelmann, niederdeutsche Schauspiele älterer Zeit.

Das Wörterbuch der Waldecker Mundart mache im Drucke Fortschritte. Verlangsamt werde die Drucklegung durch die Entfernung des Bearbeiters, welcher in Amerika eine Professur bekleide, vom Druckorte. Die Sammlungen und Vorarbeiten für das Pommersche Idiotikon unter der Leitung des Berichterstatters schritten stetig fort. Mit dem Drucke des sechsten Bandes der Denkmäler, der Ausgabe des niederrheinischen Gedichtes aus der Karlsage, Morant inde Galie, werde voraussichtlich bald begonnen werden können.

Zum Schlufs wies Herr Professor Reifferscheid hin auf die reiche Ausstellung alter niederdeutscher Handschriften und Drucke aus benachbarten Bibliotheken, besonders aus Bielefeld, Münster und Osnabrück. Es sei Absicht des Vorstandes, mit jeder Generalversammlung eine derartige Ausstellung zu verbinden, denn er betrachte es als eine dankenswerte Aufgabe, auf diese Weise die litterarischen Schätze der Gegenden, in denen die Generalversammlungen stattfinden, zur allgemeinen Kenntnis zu bringen und dadurch der Forschung zu erschliefsen. So glänzend wie 1894 in Köln werde das freilich nicht immer durchzuführen sein, denn nicht leicht habe eine andere Gegend ein so entwickeltes Geistesleben in der Vergangenheit gehabt wie das Kölner Gebiet; man werde aber auch selten eine so aufserordentliche Liberalität finden, wie sie die Vorsteher des Archivs und der Bibliothek der Stadt Köln dem niederdeutschen Sprachverein bewiesen haben.

Dank des freundlichen Entgegenkommens der Herren Dr. Dr. Bahlmann, Runge und Tümpel sei aber auch in Bielefeld, wie der Augenschein lehre, eine stattliche Ausstellung westfälischer Handschriften und Drucke zu Stande gekommen. Besonderer Aufmerksamkeit wert seien die handschriftlichen Wörterbücher aus dem Nachlafs verdienter westfälischer Sprachforscher, das münsterländische Idiotikon von Koene und das osnabrücksche von Klöntrup, die den Theilnehmern ganz oder in umfangreichen Proben vorgelegt werden sollten.

Nach beendetem Jahresberichte nahm Herr Pastor Fr. Bachmann aus Zernin in Mecklenburg das Wort. Er knüpfte an die Worte des Vorredners über die Wichtigkeit der wissenschaftlichen Pflege und Erforschung der niederdeutschen Mundarten an, um seine Mittheilungen einzuleiten, die er über die Förderung der niederdeutschen Sprachforschung zu machen habe, welche wir den Ständen der beiden mecklenburgischen Grofsherzogthümer verdankten. Diese hätten dem eifrigen und mit Erfolg gekrönten Sammler mecklenburgischer Ueberlieferungen, Herrn Gymnasiallehrer R. Wossidlo in Waren die Summe von 7000 Thlr. bewilligt, um ihn in seiner Sammelthätigkeit zu unterstützen und die baldige Herausgabe des gesammelten Stoffes zu ermöglichen. Dieser werde sowohl sprachlich wie volkskundlich grofses Interesse erregen.

Hiernach erhielt Herr Dr. Fr. Runge-Osnabrück das Wort zu dem angekündigten Vortrage über Johannes Aegidius Klöntrup und sein westfälisches Wörterbuch.

Wenn heutzutage der wissenschaftliche Forscher stets nur nach dem Neueſten greife, was die gelehrten Mitarbeiter ihm bieten, ſo thäte er Unrecht, wenn er darüber die Arbeiten älterer Forſcher nicht beachte, beſonders wenn dieſe durch fleiſsige Sammelarbeit ein ſo reiches Material zuſammengebracht hätten, wie Johannes Aegidius Roſemann, genannt Klöntrup.

Das Andenken dieſes Mannes zu erneuern, habe er ſchon 1890 auf der Pfingſtverſammlung in Osnabrück unternommen, und zu dieſem Zwecke den Buchſtaben A des Klöntrupſchen Wörterbuchs, verſehen mit einer Einleitung, den Theilnehmern der Verſammlung als Feſtſchrift dargebracht. Veranlaſst durch dieſe, habe dann Jellinghaus, der ſich gleichfalls ſchon vor längerer Zeit mit Klöntrup bekannt gemacht habe, in unſerm Korreſpondenzblatt verſchiedenes Neue über Klöntrups Leben und Werke beigebracht. Inzwiſchen ſei es ihm, dem Redner, geglückt, manche neue Aufklärung über Klöntrups bisher vielfach im Dunkeln gebliebenen Lebenslauf zu gewinnen.

Ziemlich ſicher ſei, daſs ſeine Wiege nicht in Osnabrück geſtanden habe, wo ihn Hartmann in ſeinem Schatzkäſtlein weſtfäliſcher Dichtung zwiſchen 1750 und 1760 geboren ſein läſst. Ein Sammelband im Osnabrücker Rathsarchive enthalte ein am 1. März 1774 von den oberen Klaſſen der Schule dargebrachtes Trauergedicht, in welchem die Schüler namhaft gemacht ſeien; an ihrer Spitze ſtehe Johann Aegidius Klöntrup aus Glane. Im folgenden Jahre ſchon finden wir ihn nach Ausweis eines anderen Gedichtes in Göttingen, wo er die Rechte ſtudirte, aber die ſchöne Litteratur nicht vernachläſſigte und auch dem Hainbunde angehörte. Die Univerſität könne er längſtens bis 1778 beſucht haben. Die eigene Angabe in einer Vorrede vom Jahre 1824, lautend: »wie ich vor 42 Iahren von der Univerſität kam«, ſei entweder ein Irrthum des gealterten Mannes, oder jene Vorrede ſei mehrere Jahre vor dem Drucke verfaſst worden. Denn ſchon im Mai 1778 habe er in Osnabrück um Zulaſſung zur Advokatur nachgeſucht und nach den Prüfungsakten auch im Jahre 1778 die Prüfung beſtanden; der Osnabrücker Stiftskalender führe ihn im Jahrgange 1779 zum erſten Male als Stiftsadvokaten auf und bemerke, daſs er im Jahre 1778 immatrikulirt worden ſei. Eine kurze Zeit ſei er als Hammerſteinſcher Sekretär in Gesmold geweſen, 1781 aber Advokat in Melle. Hier ſei es ihm kümmerlich ergangen. Die Akten nämlich berichteten von zweimaliger Pfändung, geſchehen auf Veranlaſſung einer Göttinger Buchhandlung. Von 1782—1794 führe ihn der Stiftskalender wieder als Advokaten in Osnabrück auf. Im letztgenannten Jahre ſei er wohl als Sekretär nach Schloſs Bruche bei Melle übergeſiedelt, von wo er ſich an einer Subſkription auf Broxtermanns Gedichte betheiligt habe. Von 1797 bis 1809 iſt er nach genanntem Kalender wieder Advokat in Osnabrück, und zwar bis 1800 mit der Bezeichnung »jur.«, ſeit 1801 als »jur. utr. doctor«.

Später lebte er in Quakenbrück. Im Staatsarchiv zu Osnabrück hat ſich ein Quartblatt d. d. Quakenbrück, 6. Juni 1805, erhalten mit der Anzeige, daſs er ein Werk über die Hörigkeit, etwa 2 Alphabete (à 25 Buchſtaben) ſtark, herausgeben wolle, wenn ſich 300 Subſkribenten fänden. Erſchienen iſt das Werk wohl nicht. In einem Briefe vom 15. Juli biete er dieſes Werk wie auch ſein Wörterbuch der Hahnſchen

Hofbuchhandlung zum Verlage an. In den letzten Jahren seines Lebens sei er heruntergekommen, auch dem Trunke ergeben gewesen. Täglich sei er nach Badbergen in die Apotheke gekommen; auf einer Heimkehr von dort sei er ums Jahr 1830 verunglückt. —

Seinen Charakter könnten wir wesentlich nur aus seinen Schriften erkennen. Aus persönlicher Bekanntschaft habe jedoch der unlängst verstorbene Direktor Breusing in Bremen über ihn berichtet, dass er eine unstete Natur gewesen sei, die nur gearbeitet hätte, wenn die materielle Not dazu gezwungen habe. Gesammelt habe er jedoch mit Bienenfleiss, auch habe er verstanden, sein Wissen klar wiederzugeben, wie seine vortreffliche, noch heute von Juristen hochgeschätzte Ausgabe der Osnabrücker Statuten und Gewohnheiten beweise. Von seinen Gedichten fänden sich zerstreuet einige gedruckt. Einen handschriftlichen Band derselben bewahre die Rathsbibliothek zu Osnabrück, einen weiteren besitze nach einer Mittheilung im Korrespondenzblatt Dr. H. Jellinghaus in Segeberg. In den Gedichten fänden sich viele Anspielungen auf die Personen, mit denen er verkehrt habe; sie zeigen manchmal guten Humor, der aber auch in cynische Derbheit ausarte. Uebrigens seien sie sentimental und empfindsam, theilweise auch platt, sehr hoch sei ihr dichterischer Werth nicht zu stellen.

Sieben grössere Schriften, wie angenommen werden könne, seien von ihm im Druck erschienen. Sie alle beziehen sich auf Osnabrücker und besonders bäuerliche Verhältnisse.

Das werthvollste und bedeutendste seiner Werke sei sein handschriftlich hinterlassenes niederdeutsch-westfälisches Wörterbuch, welches in Osnabrück in der Gymnasialbibliothek aufbewahrt werde. Es weise viele Nachträge späterer Jahre auf. Die Frage: welchen Dialekt des Osnabrücker Landes, in welchem es sprachlich recht abweichende Gegenden giebt, sein Wörterbuch wiedergebe, bleibe zunächst offen. Einen äusseren Anhalt gebe der Lebenslauf des Verfassers, der zwar vom Lande stamme, aber früh schon in die Stadt Osnabrück gekommen sei.

Der erste Gedanke zur Sammlung niederdeutscher Wörter sei ihm bei der Ordnung des Gesmolder Archivs gekommen, zunächst habe er Wörter aus dem älteren Urkundenschatze gesammelt. In späteren Jahren habe er in der Quakenbrücker Gegend gelebt, doch komme diese für den wesentlichen Bestand des Wörterbuchs nicht in Betracht, indem er Abweichungen des dortigen Sprachgebrauches ausdrücklich anzuführen pflege. Also gebe er den Wortschatz der Stadt Osnabrück und deren nächster Umgebung. Ein Vergleich mit der heutigen Sprache bestätige diese Annahme.

Das Wörterbuch weist Mängel auf, der bedeutendste ist, dass die Laute nicht nach ihrem Werthe bezeichnet sind. Zur Zeit der Abfassung standen aber die mannigfachen Zeichen, welche heute üblich sind, nicht zur Verfügung und also konnte er die Schwierigkeiten bei der Wiedergabe der verschiedenen Vokale nicht überwinden. Er selber habe das gefühlt und weise darauf hin. Möglichst consequent habe er durchgeführt die Wörter so zu schreiben, wie er sie von den Leuten gehört habe. Stellenweis mache er Versuche, der Etymologie nachzuspüren.

Doch die Lautgesetze habe er oft nicht beachtet, so erscheinen beispielsweise die Verba »bereihen« und »bereiten« beide als ein und dasselbe Wort in der niederdeutschen Form »berien«.

Aus gedruckten Quellen und Urkunden habe er manches Wort entnommen; diese habe er wohl durch ein zugesetztes * bezeichnet, dabei aber leider unterlassen, die Quelle zu nennen.

Der Vortragende führte dann eine Reihe von Beispielen vor, welche einen Beweis von der Sorgfalt und dem Fleisse Klöntrups und von dem Werthe der von ihm hinterlassenen Wörtersammlung gaben.

Nachdem der Vortragende geendet, erwähnte Herr Professor Reifferscheid die Auszüge, welche Kosegarten aus dem Klöntrupschen Werke für das von ihm begonnene, aber nicht vollendete niederdeutsche Wörterbuch gemacht habe. Er legte darauf die beiden Folianten, welche die Kosegartensche Bearbeitung des Klöntrupschen Wörterbuches handschriftlich enthalten, vor. Sie gehören jetzt der Universitätsbibliothek in Greifswald, deren Direktor Prof. Dr. Gilbert sie aufs Liberalste für Bielefeld zur Verfügung gestellt hatte.

Eine nachfolgende Besprechung behandelte die Herausgabe der Handschrift Klöntrups. Die Meinung der Anwesenden vereinigte sich in dem Wunsche, dass nicht eine auszügliche Bearbeitung, sondern ein ungekürzter Abdruck gegeben werden möchte.

Darauf wurde Herrn Dr. J. Schwering-Münster das Wort ertheilt zu dem angekündigten Vortrage: Ueber den Einfluss der niederländischen Wanderbühne auf die Entwickelung des niederdeutschen Dramas [1]. Er brachte etwa Folgendes:

Die niederländische Dichtung des 17. Jahrhunderts sei von grossem Einflusse auf die hochdeutsche Dichtung im selben Jahrhundert und im Anfange des nachfolgenden gewesen. Sie galt für klassisch und schön und stand in dem Urtheile der Zeitgenossen in ihrem Werthe nicht niedriger als die Shakespearesche Dichtung. Die Kenntnis der niederländischen Dichtung sei durch herumziehende niederländische Komödianten vermittelt worden, und diese seien im Gegensatz zu den Lehren der Litterarhistoriker in höherem Grade vorbildlich gewesen als die Truppen der reisenden englischen Komödianten. Die herumziehenden Niederländer seien stets Rederijker, Mitglieder der »Kamers van Rhetorica«, litterarischer Vereine, gewesen, welche durch dramatische Aufführungen und poetische öffentliche Wettkämpfe den lebendigen Wechselverkehr zwischen Dichtern und Volk pflegten. Die Rederijker hätten viel Aehnlichkeit mit den deutschen Meistersingern gehabt, aber auf das ganze Volksleben einen weit grösseren Einfluss ausgeübt und diesen sogar bis in die Gegenwart hinein bewahrt. Selbst Fürsten, wie Johann von Brabant und Karl V., verschmähten nicht, ihnen als Mitglieder beizutreten.

Glänzende Feste hätten sie gefeiert, die an Prunk und Glanz die mittelalterlichen Turniere der letzten Zeit weit überstrahlt. Jede Stadt habe ihre Kammer für Rhetorik gehabt, grössere Städte sogar deren mehrere.

1) Vergl. Zur Geschichte des niederländischen und spanischen Dramas in Deutschland. Neue Forschungen von J. Schwering. Münster 1895.

Sie standen übrigens im Banne der Zeitfragen, so politischer wie religiöser; es gab solche mit katholischen, kalvinistischen, baptistischen Interessen und Tendenzen.

Das Theater der Rederijker habe im 16. Jahrhundert Fühlung mit Deutschland gehabt. Nach Westfalen, nach Münster kamen damals die Sendboten der Wiedertäufer, unter ihnen auch Jan Bokelson, der Schneider und spätere Schankwirth aus Leyden, der dort in Leyden als Mitglied der Rederijker sich mit Glück versucht und Ansehen gewonnen hatte. Er hätte auch als »König von Zion« den Charakter als Rederijker nicht verleugnet, so auch während der Belagerung Münsters im Jahre 1535, um dem hungernden Volke über die Leiden der Belagerung hinwegzuhelfen, die Parabel vom armen Lazarus und reichen Prasser im Dom zu Münster nach niederländischem Vorbilde aufführen lassen. Es sei keine Entstellung geschichtlicher Thatsachen, wenn Hamerling in seinem »König von Zion« diesen als wandernden Schauspieler auftreten lasse.

Reger noch wurden die Beziehungen zwischen der niederländischen und deutschen Dramatik, als im letzten Viertel des sechszehnten Jahrhunderts während der Religionskämpfe die niederländischen Protestanten tief in das deutsche Reich hinein flüchteten, und in Hanau, Wesel, Emden, Lübeck, Stade, besonders aber in Hamburg, eigene Ansiedlungen bildeten.

Namentlich aus Antwerpen seien die Flüchtlinge im Jahre 1567 nach Hamburg geströmt, und nochmals wieder, ohne inzwischen ganz unterbrochen zu sein, sei der Strom der Flüchtlinge nach der zweiten Eroberung Antwerpens angeschwollen. Im Jahre 1608 seien 130 reichbegüterte Familien aus den Niederlanden in Hamburg ansässig gewesen; ihr Reichthum nicht nur, sondern auch ihre höhere geistige Bildung sei Hamburg zu Gute gekommen, aber auch der Boden für holländisches Theater durch sie bereitet worden. Hier seien die ersten niederländischen Rederijker, dilettantische Komödianten, im Jahre 1500 erschienen; eine zweite Truppe sei 1594 in Ulm aufgetreten. Im Jahre 1603 gab Georg Wittbin in Nördlingen und Basel Vorstellungen; 1611 waren die Hofkomödianten des Prinzen von Oranien in Frankfurt a. M., 1617 wieder Brüsseler in Hamburg.

In der Mitte des 17. Jahrhunderts beginne mit der Gründung eines neuen Theaters in Amsterdam ein neuer Aufschwung der niederländischen dramatischen Kunst. Ihr hervorragendster Vertreter sei Jan Baptista van Varenborg gewesen, der, anscheinend ein Mann von Bildung, Verständnis für die höheren Aufgaben der Schauspielkunst gezeigt hätte. Sein Repertoir bildeten die besten Stücke der niederländischen Dichtkunst, die Dramen Hoofts, Brederoos und Vondels. Eine Posse, welche er etwa 1680 verfasst hätte, habe sich so grosser Beliebtheit erfreuet, dass sie noch 1740 von holländischen Schauspielern in Hamburg aufgeführt sei.

Seine Wanderzüge durch Deutschland habe er im Jahre 1654 begonnen. Er habe damals in Hamburg das Drama Calderons »la vida es sueño« unter dem Titel »het leven is maer droom« in holländischer Sprache aufgeführt und habe damit dem niederdeutschen Norden zuerst die Bekanntschaft mit dem grossen Spanier vermittelt.

Im Jahre 1662 finde man den Wanderlustigen im Haag, 1665 dann in Altona, von wo er nach Skandinavien hinaufgewandert und dann in Stockholm in den Dienst der Königin Eleonore getreten sei, die eine eigene Bühne für seine niederländische Truppe eingerichtet habe. Bestanden habe dieselbe nur bis zum Jahre 1669; im folgenden Jahre sei er wieder in Rotterdam gewesen. Im Jahre 1674 spielte er sechszehn Tage in Lübeck, darnach in Tönning und Friedrichstadt. Hier verliessen ihn seine besten Schauspieler und mit diesen verschwindet sein Name.

Wiederum in Altona finden wir niederländische Mimen im Jahre 1682; sie brachten dort im Gasthofe ›zum König von Dänemark‹ den Don Roderigo de Cid mit grossem Beifall zur Aufführung.

Auf dies Unternehmen sei die Wandertruppe des Jacob van Ryndorp gefolgt, der in Lübeck im Jahre 1694 längere Zeit Vorstellungen gegeben habe. Seine Truppe sei 1702 in Berlin, 1703 in Danzig, Lübeck und Kiel aufgetreten. Nach längerer Wirksamkeit in Amsterdam finden wir ihn 1710 wieder in Hamburg, 1718 in Brüssel. Er starb 1723, seine Gesellschaft blieb noch längere Zeit zu dem Unternehmen vereinigt. Eine spätere Truppe sei von Antoni Spatsier geführt worden. Diese habe 1731 in Frankfurt a. M., 1740 in Hamburg gespielt.

Die Aufführungen holländischer Wandertruppen in Deutschland haben für die deutsche Dramatik besonders dadurch eine grosse Bedeutung gehabt, dass durch sie nicht allein die Kenntnis niederländischer Dichtungen, sondern auch der hervorragendsten Werke der spanischen Litteratur, so der Werke von Lope de Vega, Calderon, Cervantes, unserm Volke übermittelt wurde. Direkt belebend aber wirkten sie unmittelbar durch ihr Beispiel auf die niederdeutsche Bühne ein; ihrem Beispiele ist es zuzuschreiben, dass die dramatische Produktivität nirgends nach dem dreissigjährigen Kriege so gross war wie in Hamburg; selbst Johann Rist hat nach ihrem Vorbilde gedichtet. In stofflicher Hinsicht sei manches in Hamburg verfasste Stück dem niederländischen Repertoire entnommen, besonders die Possen seien auf niederländische ›Kluchten‹ aufgebaut. Auch die Art des Spielens bildete sich nach niederländischem Muster. Diesem verdanke die alte deutsche Bühne, entgegen der Meinung Creizenachs, die nie fehlende Figur des ›Pickelherings‹. Dieser sei entstanden in den Fastnachtsspielen, in denen die lustige Person mit dem Attribute der Abtödtung und Entsagung aufzutreten pflege, den salzigen Tröster im Katzenjammer und Hundeelend in den Händen tragend. Erst im letzten Viertel des 17. Jahrhunderts habe diese lustige Person sich den Namen Arlechino, Harlequin oder Courtisan beigelegt, weil diese Namen gefälliger und einschmeichelnder klangen. Diesen haben dann, nachdem 1740 noch die letzten Nachzügler der niederländischen Wandertruppen in Hamburg aufgetreten waren, erst Gottsched, Lessing, Eckhof vertrieben, nach welchen die vom Hanswurst entwürdigte Bühne zu einer Stätte geläuterten Kunstgeschmackes wurde.

Mit Freude und reger Theilnahme war die Versammlung den mit warmem Pathos vorgetragenen Worten gefolgt.

Mit lebhaftem Danke für die beiden Vortragenden schloss der Vorsitzende die Sitzung des ersten Tages.

Am 5. Juni eröffnete der Vorsitzende die Versammlung in der Ressource zur festgesetzten Zeit und gab Herrn Oberlehrer Dr. Tümpel aus Bielefeld das Wort zu dem angekündigten Vortrag: über die Bielefelder Urkundensprache mit Ausblicken auf die niederdeutsche Schriftsprache. Dieser ist bereits im Jahrbuch XX ausführlich zum Abdruck gekommen, so dass an dieser Stelle einen Auszug zu geben überflüssig sein würde. Doch muss erwähnt werden, dass das urkundliche Material, auf dessen Studium die Angaben des Vortrages beruhten, den Anwesenden zur Besichtigung vorlag, theils auch während des Vortrages herumgegeben wurde.

An den Vortrag knüpfte sich eine lebhafte Diskussion von Seiten der Herren Reifferscheid, Runge, Walther und des Vortragenden. Professor Reifferscheid wies auf das Material hin, welches zur Kenntnis des Verhältnisses zwischen der niederdeutschen Schriftsprache und den niederdeutschen Dialekten aus den lateinischen Grammatiken, Katechismen, den Vokabularen für den lateinischen Katechismus zu entnehmen sei. Die lateinischen Schulgrammatiken gäben vielfach Aufschluss über Lebensweise und Bildung der Zeit, in der sie entstanden. Sie bedienten sich meistens der Mundarten der Schüler zur Erklärung des lateinischen Sprachstoffes. Dr. Runge liess sich aus über die vom Vortragenden erwähnte Form orkunne statt orkunde, Dr. Walther ähnlich über bäke, bieke statt altsächsischem biki.

Sodann hielt Herr Bibliothekar Dr. P. Bahlmann aus Münster den Vortrag über Münsters niederdeutsche Litteratur in alter und neuer Zeit [1]).

Eingangs berührte er den Heliand und die Möglichkeit, ob Münster als Heimat des Heliand angesehen werden dürfe. Das müsse unsicher bleiben, ebenso auch die Frage, ob der altsächsische Beichtspiegel dem Münsterlande zugerechnet werden dürfe. Unzweifelhaft sei dies aber der Fall mit der Freckenhorster Heberolle aus dem 9. Jahrhundert.

Mit dieser verschwindet die altsächsische Sprache auf immer.

Erst nach mehr als 400 Jahren, während welcher Zeit hier im Norden nur das Lateinische, sonst aber das Mittelhochdeutsche herrschen, tritt das Niederdeutsche wieder als Litteratursprache auf, aber umgemodelt und kaum kennbar verändert in die Mittelniederdeutsch genannte Sprache, die ihren Höhepunkt während der Glanzperiode der Hansa, zwischen 1350—1500 erreicht. Vielleicht gehören dem Münsterlande schon die Predigten eines Minoriten auf alle Sonntage des Kirchenjahres aus der Mitte des 14. Jahrhunderts an.

Als sicher aber hier in Betracht gezogen werden darf die um 1430 niedergeschriebene Chronik der Bischöfe von Münster von 772—1424, eine Uebersetzung aus dem Lateinischen. Einer niederländischen Vorlage folgt der Spiegel der Laien, welchen der münsterische Fraterherr Gerhard Buck von Buederick 1444 geschrieben und über den Prof. Reifferscheid im 6. Bande der Zeitschrift für deutsche Philologie eingehend gehandelt hat. Grosses Interesse erregt die sog. Münsterische Grammatik vom Jahre 1451, gedruckt um 1480, und so

1) Ausführlich wiedergegeben ist dieser Vortrag als Vorrede zu des Vortragenden Werk: Münsterische Lieder und Sprichwörter in plattdeutscher Sprache. Münster 1890. Das vorliegende Referat giebt einen Auszug.

einer der älteften niederdeutfchen Drucke. Diefe Grammatik verwendet wohl als erste die deutfche Sprache in freier Weife, um ein Sachverftändnis der lateinifchen Grammatik zu vermitteln.

Grofse Verbreitung ward dem Chriftenfpiegel oder erften deutfchen Katechismus des aus Münfter gebürtigen Dietrich Kölde, der handfchriftlich bereits 1470 erfchienen war und noch bei Lebzeiten des Verfaffers mehr als 20 Auflagen erlebte. Diefer war zweifellos in weftfälifcher Mundart abgefafst, aber fich der Sprache der Gegend und des Druckortes anpaffend, erfcheint das rein Weftfälifche kaum in einem der Drucke wieder; die mundartlichen Verfchiedenheiten gingen in der höhern Einheit des Mittelniederdeutfchen auf.

Ob mit Franz Pet. Diedr. Köhne die Entftehung des Eulenfpiegels nach Münfter zu fetzen, fei wohl fraglich.

Schlicht und einfach fchrieb zur gleichen Zeit mit Kölde der münfterifche Aldermann Arnd Bevergern das, was er bis zum Jahre 1466 über die Gefchicke feiner Heimat gefehen und gehört, in deren Sprache nieder. Bald darauf entftanden, vielleicht im Klofter Marienfeld bei Harfewinkel, eine von 1424—1481 reichende Chronik und eine Ueberfetzung der Werdener Vita S. Ludgeri, deren Sprache aber nicht rein münfterifch ift, fondern nur auf das Münfterland hinweift.

Ungemein fruchtbar an Werken in münfterifch-niederländifcher Sprache war der Rektor des Fraterhaufes in Münfter Johannes Veghe, der am 21. September 1504 als Vorfteher des Münfterifchen Schwefterhaufes Niefinck geftorben ift. Doch waren feine Werke bis vor 12 Jahren unbekannt. Ausser den von Joftes herausgegebenen Predigten werden ihm zugefchrieben die Traktate: die geiftliche Jagd, der Marientroft, der Weingarten der Seele und das geiftliche Blumenbett.

Von Veghe noch rühren zwei Lieder her in den von Hölfcher herausgegebenen geiftlichen Liedern und Sprüchen des Münfterlandes. Mehrere andere Lieder rühren ficherlich von andern münfterifchen Fraterherren her, die fich durch die Handhabung der Landesfprache in ihren Büchern, Predigten und Dichtungen die Gunft des Volkes gewannen, welches den lateinifchen Erzeugniffen der Humaniften verftändnislos gegenüberftand.

Von diefen berühren die münfterifch-niederdeutfche Litteratur nur zwei, beide von Lehrern der münfterifchen Domfchule 1513 verfafst. Das eine find die Monofticha des Antonius Tunicius, die ältefte Sammlung niederdeutfcher Sprichwörter; das andere die pappa puerorum des Johannes Murmellius, ein lateinifches Uebungsbuch mit gegenüberftehender niederdeutfcher Ueberfetzung. Sie enthalten aber zahlreiche Beimengungen kölnifcher und niederländifcher Herkunft. Sprachlich rein dagegen ift das ziemlich gleichzeitig abgefafste Leben Ottos von der Hoya, deffen Sprache vor allen andern Chroniken den lokalen Charakter wiedergiebt.

Bald nach diefer Zeit beginnen in Münfter die Wiedertäuferunruhen, die in der Litteratur einen reichen Niederfchlag an niederdeutfchen Werken hinterlaffen haben. Alle diefe aber zeigen, und manche sehr stark, holländischen Einfluss, obgleich der geistige Urheber der meisten dieser, Bernhard Rothmann, kein Holländer war.

Von niederdeutschen Schriften aus der Wiedertäuferzeit wurden eine Reihe im Vortrage aufgeführt. Die erwähnte Vorrede nennt folgende:

Jos. Holtmanns im Ahauser Dialekt niedergeschriebene Erklärung der Hauptwahrheiten des Christenthums.

Des Rathsherrn Joh. Lanzermann niederdeutsche Uebersetzung von Rothmanns »epitome Confessionis Fidei«.

Die korte Anwisunge der missbruch der Römischer kerken der evangelischen Geistlichen der münsterischen Pfarrkirchen, zur Zeit noch verschollen.

Der Religionsvergleich vom 14. Februar 1533.

Tuchtordeninge der Stadt Münster.

Bekenntnisse von den Sakramenten der Taufe und des Abendmahls.

Des Brixius tom Norde niederdeutsche Uebersetzung der Schrift Martin Butzers über das Strassburger Gespräch mit Melchior Hoffmann.

B. Rothmann, Eine Restitution, ferner von der Verborgenheit der Schrift, und der Bericht von der Rache.

Des Schreinermeisters Heinrich Grasbecks Schilderung des münsterischen Aufruhrs.

Chronik des Schwesterhauses Niesink.

Münsterische Chronik über die Jahre 1497—1557.

Nicht zu der Litteratur der Wiedertäuferunruhen gehört ein Gebetbuch, in zweiter Auflage 1545 erschienen.

Vor 1553, aber nach 1535 ist entstanden Ordnung unnd pollicey der Stadt Münster.

Unbekannter Herkunft ist die 1583 gedruckte und heimlich in Münster vertheilte, »allen Godtsaligen und frommen Ledtmaten, Verwandten und Ingesetenen des löfliken Stiftes Münster« gewidmete Münsterische Inquisitio.

Mit Ausnahme der lateinischen Grammatik des Simon Verepäus und eines Osnabrücker Rechenbüchleins tragen alle späteren niederdeutschen Drucke Münsters ausschliesslich dem religiösen Bedürfnis des Volkes Rechnung, wie folgende Aufzählung zeigt.

Es erschienen

1591. Die Evangelien und Episteln des Dechanten Michael Rupertus.

1592. Eine Münsterische Agende.

1593. Das Altväterbuch des Kanonikus A. von Detten.

1596 und 1607. Des Rupertus Katechismus und Gebetbüchlein.

1597. Dettens Katechismus.

1597 und 1608. Die Postille des Rupertus.

1600 und 1604. Ein Beichtbüchlein.

1600 und 1627. Der Kleinste Katechismus von Canisius.

1626. Das Buch Ecclesiastici nach Luthers Uebersetzung.

1628 und 1668 und 1690. Sammlung der Evangelien und Episteln.

Den Abfchlufs der mittelalterlich-niederdeutfchen Litteratur Münfters bietet mit dem Jahre 1629 ein Gefangbuch. Es giebt dies nur Ueberfetzungen aus dem Hochdeutfchen, ift aber beachtenswerth als das einzige münfterifche und das ältefte katholifche Gefangbuch in niederdeutfcher Sprache.

Jedoch giebt keine diefer Schriften getreu die Mundart ihres Entftehungsortes wieder; alle bieten uns eine Schriftfprache, welche zwar der lokalen Färbung nicht ganz entbehrt, jedoch von dem Volksdialekte bedeutend abweicht. Die Sprache der Hanfa, die mannigfachen merkantilen und wiffenfchaftlichen Beziehungen zwifchen Münfter und Holland machten — und vielleicht auch die feinere Umgangsfprache — ihren Einflufs geltend. Selbft in den Schulen wurde kaum der jedesmalige Dialekt des Ortes gefchrieben und nach Erfindung der Buchdruckerkunft fuchten die Schriftfteller das grob Mundartliche fchon mit Rückficht auf die leichtere Verbreitung ihrer Erzeugniffe zu vermeiden. —

Seit der Mitte des 17. Jahrhunderts giebt kaum noch ein gedrucktes Buch mehr Zeugnis von der Pflege der heimifchen Sprache im Münfterlande; aufser lateinifchen lieferten die Drucker nur noch hochdeutfche Werke. Selbft von den anderswo und auch in Weftfalen üblichen niederdeutfchen Hochzeitsgedichten ift aus dem Münfterlande nicht ein einziges zu Geficht gekommen.

Aus der ganzen Periode von 1680 bis zum erften Viertel unferes Jahrhunderts hat an niederdeutfch Gedrucktem nur vorgelegen: ein 1684 angefertigtes Spottgedicht aus Stromberg und plattdeutfche Stellen und Lieder in einem münfterifchen Jefuitenfchaufpiele vom Jahre 1697.

Als Umgangsfprache hat das Niederdeutfche fich in Münfter noch lange gehalten, erft nach den grofsen politifchen Umwälzungen der Jahre 1802—1815 kam die heimifche Mundart immer mehr in Abgang.

Erft als die niederdeutfche Sprache zum verachteten Volksdialekt herabgedrückt war, erfcheint das Plattdeutfche wieder in der Dialektlitteratur.

Mit Ende des erften Viertels des Jahrhunderts fang der Marionettentheaterdirektor Barfufs feine eigenen Reime, zehn Jahre fpäter entfalteten die Bänkelfänger Theodor Flör und Köfters ihre Thätigkeit. Ihre Lieder wurden als Einblattdrucke dem Publikum angeboten, auch begierig gekauft, aufbewahrt aber felten. Die meiften fielen der Vernichtung anheim, die vorhandenen gehören zu den gröfsten litterarifchen Seltenheiten.

In den letzten fünf Decennien jedoch hat auch im Münfterlande das Niederdeutfche fich einigermafsen wieder litterarifche Geltung zu verfchaffen gewufst und zumeift durch Verfificirungen bekannter oder neu erdachter Anekdoten und fcherzhafte Erzählungen aus dem Volksleben fich Freunde erworben.

Nach einigen vereinzelt zum Abdruck gebrachten Gedichten liefs zuerft 1845 der Kaufmann Ludwig Terfloth in Greven eine Lokales und Provinzielles betitelte Gedichtfammlung erfcheinen, welche 1878 nahezu den fünffachen Umfang angenommen hatte. Der als Dichter viel gefeierte Ferdinand Zumbroock aus Münster veröffentlichte 1847 das erste Bändchen seiner poetischen Versuche, welche, obgleich ihnen allmählich vier Bändchen gefolgt waren, 1883 die zehnte Auflage erlebten.

Die ersten, sehr gelungenen Prosaerzählungen Ollmanns Jans in de Friümde un Ollmanns Jans up de Reise sind von dem Assessor Ferdinand Westhoff verfasst, der sie 1861 und 1863 unter dem Pseudonym G. Ungt herausgab. Schnurrige Geschichten in plattdeutschen Gedichten bot 1865 der Buchbinder und Photograph A. Rieke in Rheine seinen Landsleuten, denen im nächsten Jahre ein Anonymus (Ufse Gerratz) ein Bändchen Militärhumoresken 'N Tornöster vull Spafs vorlegte.

Zum ersten Mal 1874 erschien das ausgezeichnete und weit über Westfalen hinaus verbreitete Werk Franz Essink sin Liäwen un Driewen äs aolt Mönstersk Kind. Er rührt mit Ausnahme eines einzigen Kapitels von Professor Landois und Oberlehrer Giese her, trug jedoch ursprünglich nur Gieses Namen. Als aber 1878 die dritte Auflage gegen Landois' Wunsch in die von Klaus Groth empfohlene ›Allgemeine Niederdeutsche Schriftsprache‹ umgearbeitet wurde, machte Landois sein Eigenthumsrecht an die von ihm verfassten Kapitel geltend und liefs seitdem diese im frühern Gewande nebst einigen neuen Kapiteln — ebenso wie 1881 den 2. und 1892 den 3. Band — unter seinem Namen, bezw. dem Pseudonym H. de Iselmott (Landois = l'âne doit = der Esel mufs) erscheinen.

Auch Krissbetten un Kassbetten 1884, und Sappholt aus Westfalens Dichterhain 1885 entstammen gröfstentheils der Feder Landois'; nur einige der plattdeutschen Gedichte haben die Münsteraner Kraus und Marcus beigetragen.

Landois erwarb sich ein hervorragendes Verdienst um die Pflege der niederdeutschen Sprache noch durch die Anregung der jährlich in Münster von der Abendgesellschaft des zoologischen Gartens veranstalteten Fastnachtsspiele, die im unverfälschten Platt aufgeführt werden. An der Ausarbeitung betheiligte sich Landois nur bei dem ersten dieser Spiele; später lieferte er nur einigemal einen Theil der Lieder, welche in den letzten 10 Jahren der Kaufmann Eli Marcus dichtete. Die eigentlichen Autoren der Fastnachtsspiele sind: der Privatdocent Dr. Westhoff, die Kaufleute Marcus und Pollack, der Vergolder Kraus, der Rechnungsrath Rade und der Eisenbahnsekretär Schmitz. Diese Herren übernahmen auch die theatralischen Aufführungen beim historischen Gänseessen der Jahre 1865—1893 und dichteten vereint mit Landois die Festlieder.

Gleich Landois liefs auch dessen früherer Mitarbeiter Giese seine Feder nicht ruhen. Eine Ausgabe des Essink hat er nach derjenigen von 1878 nicht mehr besorgt. Dagegen hat er folgendes veröffentlicht: 1881 Mönstersk Stillliäwen, 1883 Mönsterske Chronika und Mönstersk Platt, 1892 de fürstbischöflick Mönsterske Hauptmann Franz Miquel un sine Familje.

Der jetzt in Nordamerika amtirende Pfarrer Heinrich Meifsner aus Münster gab 1884 seine bereits 1881—1860 entstandenen Knabbeln heraus; von dem Buchhändler und Drucker M. Fr. Knüppel in Billerbeck folgte 1890 Jannbernd von de Beerlage.

Der Kreisgerichtsdirektor a. D. Weingärtner gab in seinen Erzählungen aus Westfalen einige Erinnerungen niederdeutsch »Ut Mönsters olle Tied«.

Plattdeutsche Erzählungen bringt noch das Ludgernsblatt.

Das bedeutendste Ereignis in der münsterländisch-niederdeutschen Litteratur bildet der jüngst erschienene dreibändige Roman von Ferdinand Krüger Hempelmanns Smiede. Der Verfasser, der aus Beckum gebürtig, jetzt als Arzt in Linden a. R. lebt, hatte sich schon im Jahre 1882 in seinem Romane Rugge Wiäge als ausgezeichneter Erzähler bewährt, er hatte sich aber zur Anwendung der verallgemeinerten plattdeutschen Schriftsprache verleiten lassen und dafür nur Tadel geerntet. Die Verallgemeinerung war auf der einen Seite nicht genügend befunden worden, auf der anderen Seite diente sie den engern Sprachgenossen zum Aerger.

Krüger tritt mit seinen Dichtungen in berufener Weise der Annahme entgegen, dass das Plattdeutsche, die aus dem Volke selbst geborene Sprache, nur die humoristischen Seiten des Volkslebens, nicht aber auch die herben Farben der Wehmuth und Trauer wirkungsvoll wiederzugeben vermöge.

Mit diesen beifällig aufgenommenen Vortrage war die Reihe der angekündigten beendigt.

Professor Reifferscheid sprach auch den Rednern des 2. Tages den herzlichen Dank der Versammlung aus und übergab dann dem anwesenden Vorstandsmitgliede Dr. Mielck den Vorsitz.

Unter seinem Vorsitze schritt darauf die Versammlung zur statutenmässigen Erneuerung des Vorstandes.

Die Reihe des Ausscheidens war an dem Vorsitzenden Herrn Prof. A. Reifferscheid. Auf Vorschlag aus der Mitte der Versammelten ward derselbe einstimmig wieder in den Vorstand abgeordnet.

Hiernach blieben die meisten Theilnehmer noch zu einer längeren anregenden Unterhaltung zusammen, zu der die ausliegenden Handschriften und seltenen Druckwerke den Anlass boten. Eine interessante Mittheilung reihte sich an die andere, bis endlich die vorgerückte Zeit zum Aufbruch mahnte. Zum Schlusse meldeten mehrere Theilnehmer der Versammlung ihren Eintritt in den niederdeutschen Sprachverein an.

W. H. M.

Notizen und Anzeigen.

Beiträge, welche fürs Jahrbuch bestimmt sind, beliebe man die Verfasser an das Mitglied des Redactions-Ausschusses, Herrn Dr. W. Seelmann, Berlin SW., Hagelsbergerstrasse 10, einzuschicken.

Zusendungen fürs Korrespondenzblatt bitten wir an Dr. C. Walther, Hamburg, Krayenkamp 9, zu richten.

Bemerkungen und Klagen, welche sich auf Versand und Empfang des Korrespondenzblattes beziehen, bittet der Vorstand direkt der Expedition, „Buchdruckerei Friedrich Culemann in Hannover, Osterstrasse 54“ zu übermachen.

Für den Inhalt verantwortlich: Dr. C. Walther in Hamburg.
Druck von Friedrich Culemann in Hannover.

Ausgegeben: 5. Mai 1896.

Jahrg. 1894/1895. Hamburg. Heft XVIII. № 5.

Korrefpondenzblatt

des Vereins

für niederdeutfche Sprachforfchung.

Mitteilungen aus dem Mitgliederkreife.

1. Findlinge.

1) Im Jahre 1642 erfchien im Verlage von Johann Hallervord in Roftock eine kleine Schrift

Musomachia, id est Bellum Musicale. Ante quinque lustra belligeratum in gratiam Er. Sar., nunc denuo institutum a primo eius auctore Petro Laurembergio, professore Academico. 78 S. kl. 8vo.

Nach der Angabe des Titels fällt die Entftehung der an das bekannte Bellum Grammaticale [1]) fich anlehnenden Schrift in das Jahr 1617, alfo in die Zeit, wo der Verfaffer, der ältere Bruder des Satirikers Johann Lauremberg, als Profeffor der Mathematik und Phyfik am Gymnafium zu Hamburg wirkte. In Hamburg hat alfo jedenfalls die erfte Vorführung ftattgefunden und dort dürfte vielleicht auch der nur mit den Anfangsbuchftaben angedeutete Er. Sar., dem zu Ehren fie gefchrieben ift, zu ermitteln fein. Aller Wahrfcheinlichkeit nach ift er ein Hamburger Cantor, der S. 64 ff. in humorvoller Weife als Anführer der Schaaren des Orpheus gefeiert wird [2]).

Die Idee des Bellum Musicale ift folgende: Apollo, der König des Mufenreiches, ift geftorben und hat eine Beftimmung über die Thronfolge hinterlaffen, die in ihrer orakelhaften Faffung jedem der beiden Söhne Bifton und Orpheus geftattet, fie zu feinen Gunften auszulegen. Eine gütliche Einigung ift nicht möglich und es kommt zum Kriege. Um Orpheus, den Vertreter der Musica harmonica, fchaart fich alles, was die Mufik in höherem Sinne, als Kunft an fich um der Kunft willen, pflegt und ihr dient; Bifton, der Vertreter der Musica plana oder simplex, führt in feinem Heere außer den Vertretern kunftlofer Naturmufik, wie Trommlern, Pfeifern, Dudelfackbläfern, auch die ganze Menge derer auf den Kampfplatz, die die Mufik zum Handwerk erniedrigen

[1]) Bei diefer Gelegenheit kommt endlich der lange gefuchte Verfaffer des Bellum Grammaticale, das noch Goedeke Grundrifs [2]. II, S. 94 dem Johannes Spangenberg zuschreibt, der aber nur der Leipziger Ausgabe von 1541 ein Hexaftichon zur Empfehlung auf den Weg mitgegeben hat, zu Tage. Lauremberg nennt auf S. 2 als folchen ganz bestimmt And. Salernitanus, patricius Cremonensis, den übrigens auch Joecher unter dem Namen Andreas Guarna Salernitanus aus Cremona als Verfaffer des B. G. aufführt. [2]) Erasmus Sartorius, Cantor am Johanneum; f. Lexikon der Hamburger Schriftsteller Bd. 6 S. 450. C. W.

und die göttliche Kunst zur dienenden Magd roher Lustbarkeit, Wollust und Völlerei herabwürdigen. Die beiderseitigen Heerhaufen sind in Legionen und Kohorten gegliedert, die einzeln vorgeführt werden. Die vierte Kohorte Bistons setzt sich zusammen aus einer von allen Weltgegenden her zusammengeströmten Schaar von — Ausrufern, aus den drei Seestädten allein an dreitausend. Die Hamburger bilden eine ganze Kompagnie für sich und lassen ihren melodischen Ruf erschallen. Zuerst tritt der Nachwächter auf:

Myn Heren lathen yuw sagen,
De Klocke hefft Teyn geschlagen,
Sehet tho yuw Füer vnnd Licht,
Dat yuwem Naber neen Schade schicht.

Ihm folgt der öffentliche Auktionator:

Koeplüde vmb Geldt, Nader nicht, Nader nicht, dre Marck twee Schilling: Föret dat wol medt!

diesem der servus subbasilicanus (Diener der Börsenhalle?):

Höret tho gy guden Börger,
hyr ys ein Bade, de wil reisen, etc.

und dann kommt die ganze Schaar der Verkäufer:

Halet witt Sandt, witt Sandt, witt Sandt!
Scheer schliep, Scheer schliep!
Hale Musselen by dem olden Krahn!
Brille, Brille, Brille, vör de quade Gesichte!
Kraut für die Rotten vnnd die Mauss!
Heye buncken Knaken!
Schorsteinfeger!
Will gy Weitenmehl, Bockweiten Mehl?
Will gy Pinckfternackel, Petersilgen, Rege Sippeln,
Salath, Radyss, Cuncumers, Andiven, Arschocken?
Will gy Arfften, Bohnen?
Swefelsticken, negen Bundt vörn Dreylinck!
Hale Krabbe, Krabbe, Krabbe! Krevet, Krevet!
Halet Kaffebern gothkoep, halet Kaffebern gothkoep!

sodass wir hier wohl das erste Auftreten des »Hamburger Uthroops« in der Litteratur vor uns haben.

Als fünfte Kohorte rückt nun die Rotte der vollen Brüder heran und auch diese geben uns eine Probe ihrer musikalischen Leistungen zum Besten:

Günstiger Herr vnd Freund, halt mirs vor übel nicht,
Diess Gläslein Ich dir bringen thue, so viel darinnen ist,
Runda, runda, runda, runda dinella etc.

Och Naber ick wünsch jock en gojen Dach,
Rösken an yuw Hödekin,
Ick bring juw dyth so ydt wesen mach,
Rösken roth,
Rösken roth an juwen Hodt,
Were ydt uth, ydt were wol godt.

Ich fuhr mich über Rhein :,:
auff einem Lilien-Blade,
dat wahr myn Schepe :,: Schepe :,: Schepekin.
Ich fuhr mich einmahl zu Brunschwig aus,
da dürstet mich also sehre, we he he,
Die Weinlein die wir giessen, die sol man trincken,
Die Brünlein die da fliessen, die sollen schwincken;
Vnnd wer ein stetten Buhlen hat, den sol er wincken.

Der sich dann entspinnende Kampf bleibt unentschieden, und ist ja wohl heute noch nicht zum völligen Austrag gekommen.

* * *

2) Die Rostocker Universitäts-Bibliothek bewahrt unter ihren Manuskripten eine dem Herzog Johann Albrecht von Mecklenburg am Neujahrstage 1554 gewidmete

Vnderrichtinge vam warhafftigen vnd valschen Gebede. Mith vthleggirge des V. Psalmi wedder de valsche Lerer vnd Tyrannen

von Joachim Schröder, dem zweiten evangelischen Pfarrherrn zu St. Petri in Rostock [1]). Das kalligraphisch geschriebene Exemplar (8 ungezählte, 69 gezählte Blätter in 4to) enthält zwei zusammengeklebte Blätter, das Titelblatt und Bl. 66, die auf ihren Innenseiten mit niederdeutschen, offenbar auch von Schröder herstammenden Versen beschrieben sind. Auf der so verdeckten Rückseite des Titels steht eine Umschreibung des »Media vita in morte sumus«:

Mydden ym leuend synt wy gantz
Dorch Sund geuört thom Doden Dantz,
Wen söke wy vor eynen Hulper schon,
Denn dy O HERR: Du kanst ydt don.
Der Sunden du thornst thomale seer,
Du Hilliger Godt vnd starcker Herr,
O Hilliger barmhertiger Heyland syn,
Gyff vns nicht ewich thor Dodes pyn.

Das andere, weit längere Gedicht in Blatt 66 hat bisher den Entzifferungsversuchen noch widerstanden.

Rostock. Ad. Hofmeister.

---

2. Zu etepetete (hûn un perdûn) (XI, 84; XII, 48. 57. 83).

In der Volksausgabe Fritz Reuters Bd. 5, 310 heisst es von Anton Groterjahn:

»Aewer in Antonen was jo wol de Bös'
mit Hütt un Mütt un Hün [so gedruckt]
un Perdün 'rinner fohrt«.

Ich brauche kein Wort darüber zu verlieren, dass die dazu gegebene Glosse »etwa mit Haut und Haar, mit Sack und Pack«,

---

[1]) Ueber ihn Wiechmann, Meklenburgs altniederf. Literatur II, S. 17. Beiträge zur Geschichte der Stadt Rostock. Bd. 1, H. 3, S. 63.

allenfalls den Werth einer Note »in modum Minellii« beanspruchen darf, aber von einer wirklichen Erklärung des durchaus nicht so ohne weiteres verständlichen Ausdrucks meilenfern bleibt. In »Hütt un Mütt« wird man leicht die Bezeichnung vollständiger Bekleidung erblicken, mit Hüten und Mützen.

Es ist vom Teufel und allen seinen bösen Geistern, nach volkstümlich-mythologischer Anschauung von der Begleitung des wilden Jägers die Rede, und hält man dies fest, so ergiebt sich auch die Erklärung für Hün; es sind die klaffenden Hunde Διὸς κύνες, der heulende Sturm, in dem der wilde Jäger, Wodan ursprünglich, einherfährt, den unser Volk sich längst zum Teufel hatte degradiren lassen.

Was wäre denn aber »un Perdün«? Da muss ich nun bitten, nachzusehen, was in Jhg. XII über das schwierige Wort ete-pet-ete von Sprenger, Latendorf und mir (S. 57) zur Abweisung der zuerst vorgebrachten Meinung, es stecke das französische peut-être darin, vorgetragen ward. In der That erblicke ich auch in Perdün nichts anderes als die Iteration mit der Entstellung pet (bet) für mit. Es wäre also genauer aufzufassen als

mit hünn' un pethünn'

d. i. mit Hunden und (nochmal) mit Hunden, s. v. a. mit allen seinen Hunden. Sobald man das allmählich unverständlich gewordene »pethünn« (vgl. um un dumm für um und um) als »pet-tünn« zu hören meinte, ergab sich auch für die mecklenburgische Zunge der Umschlag des tt zu rd oder rr, und bekannt ist, dass Reuter lange Zeit in seiner Orthographie das rr für d, dd, t, tt bevorzugt hat. Für »bet, pet« wäre auch »pot, putt« möglich gewesen.

Ich würde gewiss nichts dawider haben, fände Jemand, dass auch schon in

Hütt un Mütt

ursprünglich an Wodans graublauen Wolkenhut und an sein Gefolge, das Wuotesheer (s. Mythol. 2. Ausg. 883. 1100), müsse gedacht worden sein. Nur heute, glaube ich, denkt man dabei allgemein an Hüte und Mützen. Wer mich eines Bessern belehrt, dem werde ich dankbar sein.

Weimar. Franz Sandvoss.

3. »Ruge's Hûs«, nicht »dat ruge Hûs« (s. XVIII, 20).

Nach dem eingehenden Lebensbilde Johann Hinrich Wicherns, das Th. Schäfer in der Realencykl. f. prot. Theol. u. Kirche, 2. A. XVII, S. 40—64 giebt, heisst es S. 44/45 von der Begründung des Rettungshauses zu Horn: »aber bis es zum ersten Hüttlein kam, ging es noch durch Höhen und Tiefen der Hoffnung und des Fehlschlagens hindurch, bis endlich . . der Syndikus Karl Sieveking . . . ein freigewordenes Häuslein nebst Grundstück zu dem Zweck darbot: Ruge's Haus in Horn (Kirchgemeinde Ham) so genannt nach dem plattdeutschen Namen seines früheren Bewohners, dessen Uebertragung ins Hochdeutsche die [sprachlich falsche] Bezeichnung Raube's

Haus (= Rauhes Haus) ergab, späterhin tausendfach dahin misverstanden, als ob der Name etwas mit einer »rauhen« Behandlung der in ihm zu erziehenden misratenen Kinder zu thun habe. . . . . am 31. Oktober 1833 zog Wichern mit Mutter und Schwester in das Rauhe Haus ein; am 8. November wurden die ersten drei Knaben aufgenommen.« Inhaltlich gleichlautend in Schäfers Leitfaden d. inn. Mission 1887, S. 53. Sonach bleibt die volksetymologische Umdeutung aus Ruge's Hûs trotz Sprengers Zweifel bestehen. Bei John Brinckman liegt offenbar der Uebertragung des Hamburger Namens auf das Rettungshaus zu Gehlsdorf (offiziell [Mi-] Cheelsdorf) bei Rostock nur eine poetische Lizenz[1] zu Grunde; diese Anstalt, welche einer Anregung Wicherns ihre Entstehung verdankte, hat schwerlich jemals im Volksmunde den von Brinkman gebrauchten Beinamen geführt; derselbe wäre mir sonst nicht entgangen, umsoweniger als mein Vater lange Jahre Schriftführer des Hauptvereins f. i. M. in Rostock war, unter dessen Leitung das Rettungshaus steht, und vielfache freundliche Beziehungen unser Haus mit der segensreich wirkenden Anstalt verbanden.

Zernin bei Warnow. Friedrich Bachmann.

4. heck (s. XVIII, 9).

Den sieben von Sprenger beigebrachten Beispielen kann ich zwei weitere hinzufügen.

Im Korrespondenzblatt, Heft XV, Nr. 5, p. 70 findet sich unter XXI:

»Wenn sich mir da ein hahn auf's heck setzt«,

und der Autor des Artikels — H. Babucke-Königsberg — bemerkt dazu: Thür im Hofe. Kein Provinzialismus. Das Wort ist in ganz Niederdeutschland verbreitet und kommt in Ostpreußen wenig vor.

Jellinghaus-Segeberg führt das Wort im Jahrbuch XIV, pag. 58, an und übersetzt es mit Feldthor. Hier im Mecklenburgischen bedeutet »heck« ähnlich das Thor in irgend einer Einfriedigung, z. B. einer Hürde, einer Hecke u. s. w.

Weiter finde ich das Wort bei Brinckmann »Kaspar Ohm un ick«, pag. 251 der 5. Auflage. Dort heisst es:

»Un ick würd sülben so bös up den enen swinegel mit den roden kragen un de beiden knöp up sien heck« u. s. w. und ist hier in der Anmerkung heck mit »Hintertheil des Schiffes« erklärt.

Wir haben es also hier, wie in den von Sprenger beigebrachten Beispielen, mit zwei zwar gleichlautenden Wörtern von grundverschiedener Bedeutung zu thun.

Die Nummern 5 und 6 der Sprenger'schen Beispiele geben, wenn hier »heck« in seiner nautischen Bedeutung genommen wird, einen durchaus befriedigenden Sinn und eine Redewendung, die auch der hochdeutschen Vulgärsprache durchaus geläufig ist, während in den Beispielen 4 und 7 »heck« als Thür aufgefasst werden muss. Wer bei der

[1]) Auch die Redensart „Tran na Tromsöe bringen“ (XVIII, 10) halte ich für eine sehr gelungene, bewusst freie Bildung Brinckmans, nicht für eine dem Munde der Seemannsbevölkerung entnommene Redensart.

Thür ist, ist nicht fern, ist bei der Hand, und wer aus der Thür ist, ist der unmittelbarsten Gefahr entronnen.

Ob eine dieser Deutungen auch bei den Beispielen 1, 2 und 3 zutrifft, läfst sich wegen des fehlenden Zusammenhanges zwar nicht sicher beurtheilen, es scheint aber auch hier eine Uebersetzung mit Thür zulässig zu sein.

Das ndd. »heck« im baierischen Dialect zu finden, kann nicht befremden, da ja auch die hochdeutsche Sprache so viele auf den Ackerbau und das Seewesen bezügliche Worte dem Ndd. entlehnt hat, und das wechselnde genus — im mecklenburgischen Dialect »dat«, in den von Sprenger angeführten Beispielen »dei« —, erklärt sich wohl daraus, dafs in letzteren das Wort nicht mehr verstanden und volksetymologisch an »die Hecke« angelehnt wurde. [Heck als bewegliche Oeffnung in einer Einfriedigung ebenso wie das Hintertheil der Schiffe, wo sich in früheren Zeiten regelmäfsig eine Einsteig- oder Lade-Oeffnung befunden haben mag, hat anscheinend überall sächliches Geschlecht. W. H. M.]

Wismar. Fr. Schultz.

5. jaedlich (s. XVIII, 28).

gatlich = hinreichend grofs, ist ein im mecklb. Dialect oft gebrauchtes Wort, das sich auch bei Reuter findet.

In »Kluge, Etymologisches Wörterbuch«, 4. Auflage, pag. 104 ist das von Sprenger erwähnte, hier ganz unbekannte »gaetlich« angeführt.

Wismar. Fr. Schultz.

6. Zum Mittelniederdeutschen Wörterbuche.

a. II, 274. wird nach der Bedeutung von hiven in folgender Stelle gefragt: Drenwethe und protesterde gewoltigen; dan ehr (der Falschmünzer) vernam wol, das die bunge ein gadt wolte krigen ind mende, ehr wolthe sich darhin puchen und hiven, das der rad wol gewoldt hette, das sie ihn mit fogen qwidt weren gewesen. Münst. Chr. 3, 148. Es kann kaum ein Zweifel sein, dafs statt hiven, wofür eine passende Bedeutung nicht zu finden ist, kiven[1]), contendere zu lesen ist, worauf schon das synonyme puchen schliessen läfst. Woeste u. Krause in ihren Aufsätzen im 2. Bande des Niederd. Jahrbuches scheint die Stelle entgangen zu sein.

Northeim. R. Sprenger.

b. gnist, II, 128, Rände, Hautausschlag; mhd. gnist, stm.? purgamenta, quisquiliae, mhd. Wtb. I, 552. Frisch I, 359/60 gneis, Unreinigkeit auf den Köpfen der kleinen Kinder; gnist, was man für Unreinigkeit abgeschabt etc. hat; kneist oder Wust, den man abschabt. Die meisten Idiotiken bieten das Wort nicht. Liesenberg, Die Stieger

---

[1]) unser: keifen.

Mundart, p. 146 hat ein verjnaift, geizig, filzig. Schambach, p. 66 gnift, m. der fettige Schmutz oder Fettglanz, welcher fich am Zeuge, zumal aus den Haaren am Rockkragen anfetzt. In Kattenftedt gnift, m. dicker, feft anklebender Schmutz auf Kinderköpfen, den man abkratzen oder durch Fett erweichen mufs, auch fettiger Schmutz auf dem Rockkragen. Das Wort gehört wohl zu altf. gnidan, wie laft zu ladan, got. beift zu beitan, und ihm gebührt ein langes i, wie die heutigen Formen beweifen.

greve-, graffchop. II, 146. 1) das Amt eines greven, 2) der Amtsbezirk eines greven, 3) überhaupt Vorfteherfchaft. Ock en fchal nemant nene grevefchop holden und darto fchatten. Das Wtb. bemerkt dazu: »Wahrfcheinlich ift das Amt eines meigreven gemeint«. Ueber den meigreve f. Wtb. III, 59. In anderem Zufammenhange kommt grevefchop vor in: Des Durchleuchtigen Hochgebornen Fürften und Herrn Herrn Augufti Herzogen zu Bruns Wieg und Lünä-Burg Allgemeine Landes-Ordnung. Im Jahr MDCXLVII., wo es § 20 heifst: »Die Pfingft- und Faftnachts- wie auch die Sontags- und andere Gelage | darinne Knechte | und Mägde | zufammen zu kommen | und Tänze zu halten pflegen | in Häufern oder auf den Angern | imgleichen auch die Ofterfeure | neben den dabei gebräuchlichen Gräfefchaften | follen ganz und gar abgefchaffet fein«. Hier bedeutet grevefchop offenbar Gelage. In einem amtlichen Berichte vom Jahre 1634 heifst es, dafs die Drübecker (Drübeck in der Graffchaft Wernigerode) zur Ofterzeit »Ofterzechen« anrichteten, die fie »Grefefchafften« nennten: »Und wird dazu ein Grüff und Greffin erkoren«[1]. Denfelben Sinn fcheint mnd. grevefchop holden zu haben.

Blankenburg. Ed. Damköhler.

c. Verfchiedene Biertonnen.

Aus einem Gewettsprotokoll der Stadt Wismar vom Jahre 1604, August 9.

Johan Warneke, auch Schneider albie, berichtet: er fey vff Michaelis Meifter gewefen. Habe erftlich das Ambt zu ëfchen eine Tonne Bier geben müßen, welche eine Aefcheltonne genannt wurde, hernach inß Ambt 48 Mark. — Bey dem Meifterftücke würden 12 Perfonen gebeten koftete etwa 5 oder 6 Rthlr., alß 1 Rthlr. zu Wein, dazu Gebraten- vnd Gefottenes, die Elteften krigten vor das Meifterftuck zu befehen ein jeder 1 fl., dabey auch eine Tonne Bier, fo die Vorwiefeltonne genent würde, vnd wann fie Meifter geworden, auch eine Tonne Bier; wurde genannt Treckeltonne, vnd müffen zwei der jüngften diefelbe Tonne aus dem Keller tragen. Wenn das Meifterftück im Kruge vffgewiefen wurde, wurden auch 12 Meiftere wieder gebeten, dazu eine Kanne Wein, auch Eßen vnd Trincken. Ein jeder jüngfter Meifter mußte 2 Pfingfteltonnen Bier geben.

Wismar. F. Crull.

---

[1]) Zfch. des Harzvereins für Gefch. und Altert. I, 107.

7. Weftfälifche Etymologien.

Camen oder Kamen?

Camen ift bekanntlich eine der älteften Städte der Graffchaft Mark und Weftfalens. Wie ift der Name entftanden und woher leitet man ihn ab? Wird er nicht richtiger mit dem deutfchen K gefchrieben? Die mir bekannten Werke über »Altdeutfche Ortsnamen« — Förftemann, Bender — erwähnen der Stadt, welche schon vor der Gründung von Hamm eine Refidenz der Grafen von der Mark war, nicht einmal. Die Ableitung von den »Chamaven«, wie fie ältere Gefchichtsforfcher, z. B. auch J. D. von Steinen, annehmen, erfcheint kaum glaubhaft. Sollte man nicht eher an »Kaminata« denken? Die ältefte Form in Urkunden ift Kamene, Kamena, de Kamene, de Kamena; fie bleibt vorherrfchend bis zum Ende des 14. Jahrhunderts.

Die lateinifche Umschrift des älteften Stadtfiegels von 1284 — gefchachter Märkifcher Balken mit einem grofsen Kammrad darunter — lautet:

Sigillum de Camene civitatis Weftvalie.

Düffeldorf. W. Grevel.

8. Zum Wegekörter von 1592.

Für den 11. Schwank des Wegekörters, deffen Quelle ich im Jahrbuch 20, 134 nicht ermitteln konnte, weift mir A. L. Stiefel in Nürnberg gütig die Herkunft aus Poggios Facetiae Nr. 203 nach. In Poggii Opera 1538, p. 473 führt das Stück den Titel: »Facetum medici, qui sorte medelas dabat«; in F. Noëls Ausgabe der Facetiae (Lond. 1798, 1, 211; vgl. 2, 193) heifst es kurzweg: »Medicus urinarius«. Der niederdeutfche Schwank ift bis auf den Schlufs eine ziemlich wörtliche Uebertragung des lateinifchen Textes. Ueber verwandte Erzählungen vgl. P. Toldo, Contributo allo studio della novella francese del XV. e XVI. secolo (Roma 1895) p. 150 zu Bonaventure Des Periers Nr. 50.

Berlin. J. Bolte.

9. lot, pl. lotte u. lötte (f. XVIII, 10).

lot ift kein Flächenmafs[1], fondern nichts anderes als bei Schiller-Lübben Wb. II, p. 720/30, alfo = hd. Loos, d. i. hier ein durch Verlofung (Auskavelung) zur Vertheilung gelangendes Ackerftück. Den a. u. O. gegebenen Belegftellen aus Wism. Inv. f. 76 u. 176 »VI lotte befeiget, 1 lood de dorde garne« und »noch V lote wol befeigel« füge ich hinzu die in Hanf. Gefch.-Bl. XIX, 1890/91, S. 67 angeführten Wismarfchen »Lottregifter (Ackerloosregifter)« von 1461 und 1468, aus denen Techen dort einzelne Angaben auszieht. Ferner zählt F. Crull in feiner »Wismar. Rathslinie« (Hanf. Gefch.-Quellen II), Einleitung S. XXXVII ff. unter den Rathseinkünften den Ertrag einer Anzahl Wiefen auf, welche alle paar

[1]) Die Unmöglichkeit geht fchon aus der Gröfsenbezeichnung „10—14 Morgen" hervor; Morgen zu nur 60 Quadratruten find übrigens in Mecklenburg fonft auch nicht bekannt, früher ward der Morgen zu 300, bei Forftland auch wohl zu 100 Quadratruten gerechnet, jetzt ift meift der Magdeburger Morgen zu 120 Quadratruten im Lande gemeint.

Jahre unter die Rathmannen verloſt wurden (zuerſt 1328, cf. auch Meckl. Urk.-B. Nr. 5199), die ſog. kleinen Herrenlötte; außer dieſen ſtand dem Rathe auch das »groſse Herrenlott« am Stadtacker zu, der alle ſieben Jahre unter die erbgeſeſſenen Bürger — nicht auch die Beſitzer von Buden — verloſt ward, wofür als jährliche Abgabe der »Lottgulden« gezahlt wurde. Von dieſen Aeckern erhielten nun die Rathmannen zwei Looſe ausgepflügt, das eine ihrer Häuſer, das andere Amtes wegen. 1527 wurde faſt der ganze Lottacker verkauft, um eine vom Wallenſteinſchen Oberſten Hebron ausgeſchriebene Kontribution von 23400 Thalern aufzubringen; ſeitdem wurden die Rathsherren für die groſsen Herrenlötte, wie ſchon ſeit Ende des 16. Jahrhunderts für die kleinen, mit Geld entſchädigt.

Zernin bei Warnow. Friedrich Bachmann.

---

10. Stunne einer veire (ſ. XVII, 30).

Dieſe Redensart in Reiche's plattdeutſchem Schauſpiel kann ich mich nicht entſchlieſsen, mit Seelmann als ein e(de)r veire »ein oder vier Stunden« zu erklären. Einmal ſchon deshalb nicht, weil, ſo viel ich ſehe, er = edder »oder« in dieſer Mundart nicht vorkommt; dann aber auch, weil »ein oder vier« nicht »ungefähr vier«, ſondern überhaupt eine unbeſtimmte Anzahl bezeichnen würde; vgl. Latendorf in Pf. Germania 1868, S. 202. Mnd. Wb. 1, 639. Zu vergleichen iſt auch mhd. ein oder zwei, ein oder dri; D. W. 3, 114, 3; Germ. 12, 97; Lexer I, 521. Ich vergleiche vielmehr das in der hochd. Umgangsſprache meiner Heimatſtadt Quedlinburg vorkommende: ein Stücker drei, ein Stundener vier u. ä., wo ein als unbeſtimmter Artikel zu erklären iſt. Die Formel iſt unzweifelhaft alt, da hier das ein von dem Zahlwort, das — ebenfalls noch in alter Weiſe — als Subſtantiv erſcheint, durch einen Genit. (vgl. ein Dietriches man Nibel. (Lachm.) 1272, 3; ein Kriembilde man ebd. 1562, 3) getrennt iſt. Das r, er in Stücker, Stundener halte ich für euphoniſches Einſchiebſel, doch haben wir es vielleicht auch mit einer volkstümlichen Pluralform zu thun; wenigſtens hörte ich: »groſse Stücker Brod«.

Northeim. R. Sprenger.

---

11. Tilock (vgl. VII, 23; XIII, 80).

Für das Flugloch des Bienenkorbes hat ſich hier noch der Name tilock (tillock) oder tidlock erhalten. Die zweite Form weiſt auf einen alten Stamm tiþlo, der ahd. als zidal erſcheint in zidalâri, mhd. zidelære, nhd. Zeidler, und in zidalweida, mhd. zidelweide, Wald mit Bienenzucht. Dazu gehört das mnd. tile-bere, nnd. tielbar, hd. Zeidelbär und — durch Anlehnung an Zieſelmaus, ahd. ziſemûs. — Ziſelbär = Honigbär.

Herkunft und Grundbedeutung des Stammes ſind dunkel, die Ableitung aus dem Slaviſchen iſt nicht unbeſtritten.

Lübeck. C. Schumann.

---

12. Wernigeroder Hochzeitscarmen aus dem 18. Jahrhundert.

Glück tau! Im Hochtietshuus unn Hove det Bredd'gams Herren Caarl Sameel Struck unn Siener Bruht, dei Mamfell Grove, ſprickt met Verlöv unn Hännedruck, met Kratzfaut unn met Kumpelmente enn Frünnd — enn Woort, wie 't ſeck gebihrt, lett man ehn köddern bet tau Ende — ſau hat hei herzlick gratelihrt.

De Leiwe is met uns gebaren!
Dat ſegg' eck, und da blieb' eck by;
Man kann 't jo tagelick erfahren,
Exempel hebb' eck naug vor my.

Kein Dheirt is hievon uht te ſchlooten;
Wat leewet, ih! dat leivt ſeck ohck:
Man ſieht 't bym kleinen wie bym grooten;
Dei düt nich taugift, iſ nich klauck.

Dei Fiſche paaren ſeck im Waater;
Dei Bull' scharmeirt met ſiener Kauh;
Dei Katt' maakt Hochtiet met dem Kater;
Dei Vöggel maaken 't eben ſau;

Dei Müggen, Fleigen, Fleih unn Lüſe
Dei paaren ſeck na ehrer Art,
Dat dhaun ohck Ratten ſau unn Müſe;
Wo is woll wat, dat ſeck nich paart?

Dei Minſche kann allehn nich bliewen,
Drum ſocht unn nimmt hei ſeck enn Wiev;
Da blifft hei denn an ehr bekliewen,
Et is ſien' Hilp' unn Tietvertriev.

Dei Bibel ſülvſt ſchrifft von den Saaken;
Gott ſeggt', aſs Adam was allein:
»Waar't eck will deck 'ne Gehilpinn maaken!«
Unn glicks durop da harr' hei ein'.

Hei kukt ſei ahn unn ſei ehn wedder,
Hei wett nich, wat hei maaken ſoll;
Sei was enn Stück von ſienem Ledder;
Sien Evchen dat gefoll ehm woll.

Sei harren beide ein Gemeihte,
Sei leivten ſeck ganz ſinnerlick,
Sei maakten ſeck den Ehſtand ſeitte,
Scharmeirten ganz to wonniglick.

Sau war't, ſau iſ't, ſau wird't woll bliewen,
Sau lange wie dei Welt noch ſteiht.
Dei Tiet met Leiwen tau vertriewen
Is gar to rar' Ergötzlichkeit.

Wenn Eins nu ſeggt: eck bin von Ihſen!
Sau hält dei Schnack doch ſellen Stich.
Dat plecht ſeck anders uht to wieſen;
Man lett ſien Leewe dat Leiwen nich!

Wer könnt' et ohck woll bliewen laaten? —
Wenn wei enn hübfches Mäken feihn,
Sau wünfchen wie, et tau umfaaten,
Dat Blaut krippt bet in'n grooten Tohn.

Wat foll eck wieter mehr von feggen! —
Eck feihe Deck, mien Vedder, ann;
Du wutt Deck ohck fülvanner leggen:
Gott gew' Jüch bahl den drüdden Mann! —

Hüt iß von Dienen Leewenstagen
Dei fchönnfte! — Diene leiwe Bruht
Lett Deck nu Männerhofe tragen;
Dien Leddigfiehn dat iß nu uht.

Ju Ehe wird enn Freudenleewen!
Ja, ja! eck feih 'et fchons voruht.
Dei Himmel mach Jüch Seegen geewen
Bet man von Botter Hüfer buht!

Bet man in Diener Drückereye
Met Syrop Boyker drücken dheit,
Unn jede Forme ohne Meyhe
Unn ohne Setten fertig fteiht!

Bet Spinnen witt Papir dhaun weeben!
Bet't Braen up dem Brocken schneyt!
Kortt: Jü mött noch taufammen leeben
Bet Wärnigeroe undergeiht!!

Sieben Druckfeiten klein Oktav, bläulichen Papiers, im Befitze des Herrn Joh. E. Rabe in Hamburg. Herr Archivar Dr. Ed. Jacobs in Wernigerode war fo freundlich, Nachforfchungen zur Entftehungszeit diefes Hochzeitsgedichtes anzuftellen. Er fand im Kirchenbuche der Schlofsgemeinde zu Wernigerode folgenden Eintrag aus dem Jahre 1797:

Den 26. December ift Herr Carl Samuel Struk (fo ftatt des üblichen Struck) Hofbuchdrucker allhier weil. Herrn Joh. Georg Struk ebenfalls Hofbuchdrucker allhier nachgelaffen ältefter eheleiblicher Sohn als Bräutigam mit Jgfr. Johanne Catharine Elifabeth Grofen, des Herrn Amts Comiffair Joh. Friedr. Ernft Grofen eheleibl. iungfter Jgfr. Tochter nach dreimaligem Aufgebot in der Hof Capelle copulirt.

Hamburg. W. H. Mielck.

---

13. Mittelniederdeutfches Trinklied.

1. Rummeldoffz, ik moth dy drinken,
fchulde ik dy myt den ogen wenken,
dat rede ik al by fynne.
Wen ik dy kan hanen nicht,
fo byn ik gar eyn bloder wicht,
ik en weit wes ik begynne.

2. Och godt, wor neme ik drinckel gelt?
myn etent is gar klene,
wen ik des nicht hane beftelt,
fo byn ik gar en bloder helt
vnde wifet mick vther meyne.

3. Witte pennynck drelinck fchult,
deit mick de krogerfche grot vndult,
vnd fpreket mik an myne ere.
Wen ick vpp der ftraten ga,
byn ick er der pennynge twe,
fe fchreyget balde waffen na
alfo vmme de marcke tene.

4. Ik drincke dik, borge vnd fette en pant,
ik hape rike to werden,
ik fta ghescreuen vpp der want,
noch ga ik vpp der erden.

5. Deme gefellen deme ik myn beyer entbot,
de fprak: ik helpe dik vther noth
myt enem naten plunden.
Ik wil my by de wende flyten
vñ wiffchen auer de screnen kryten,
fo byftu gar vntbunden.

6. Nen werlik, dat wer ouel dan,
louen will wy holden,
vns werdt wol, des wy nicht en han,
geluck mot vns walden.

7. Alduffz vorbrinc ik myne Jar
myt forgen vnde myt moyen,
en ander werd des wol enwar,
ydt en regent ome nene koge.

---

14. De achttein Egendôme der Dranckers.

Das unter obigem Titel in einem Druckblatte des 16. Jahrhunderts überlieferte Gedicht, das im Jahrbuch 19, 167 abgedruckt wurde, geht offenbar auf ältere lateinifche Zecherkataloge zurück, von denen mir der nachftehende am meiften Aehnlichkeit mit den ndd. Verfen zu haben fcheint, obwohl er nur zwölf Arten der Trunkenen kennt. Er ift von Zingerle aus einer Sterzinger Miscellanhandfchrift des 14. Jahrhunderts in den Sitzungsberichten der Wiener Akademie 54, 318 (1866) mitgeteilt:

Proprietates vinosi.

Bis sex, credatis, species sunt ebrietatis:
In multis primus sapiens et alter opimus,
Ternus grande vorat, quartus sua crimina plorat,
Quintus luxuriat, sextus per numina iurat,
Magnum quid fieri, rixas et bella moveri,
Septimus incendit, octavus singula vendit,
Nonus nil celat, secretum quidque revelat,
Somnum denus amat, undenus turpia clamat,
Cum fuerit plenus, vomitum facit hic duodenus.

Eine Aufzählung gleicher Art (unus cantat, alter saltat etc.) veröffentlichte Feifalik ebd. 36. 170 aus einer Prager Handfchrift des 15. Jahrhunderts. Noch gröfserer Verbreitung erfreute fich ein in der Sterzinger Handfchrift unmittelbar auf die obigen Verfe folgendes Poem.

das auch in einer Roſtocker (Anzeiger für Kunde der deutſchen Vorzeit 1874, 373), einer Breslauer (ebd. 1872, 110; vgl. 1875, 248) und einer Gothaer Handſchrift (Jacobs u. Ukert, Beiträge zur ältern Litteratur 3, 9, Anm. 6. 1838) erhalten iſt. Die Roſtocker, gleichfalls noch dem 14. Jahrhundert angehörige Faſſung, lautet:

Nunc attendatis, quis sit modus ebrietatis!
Ebrius atque satur totidem modis variatur:
Hic canit, hic plorat, hic est blasphemus, hic orat,
Hic est clamosus, hic est verbis viciosus,
Hic est pacificus, hic est nullius amicus,
Hic servit Veneri, sompno solet ille teneri,
Hic saltat letus, hic est sermone facetus,
Hic decium [mlat., Würfel] iactat, socium feriendoque mactat.
Hic inquietus, hic est furore repletus,
Disputat hic, ille currit per compita ville [Hs. mille],
Hic loqui nescit, hic cespitat, ille pigrescit,
Hic vomit, hic vorat. Sic Bachi turba laborat.

In der Breslauer Faſſung iſt die Reihenfolge der Verſe verändert; auf V. 1—3 folgt V. 11. 10. 8. 6. 12. 7. 4. 5 und als Abſchluss:

Ebrietas prodit, quid amat cor sive quid odit.

V. 9 fehlt gänzlich. Statt »totidem« in V. 2 haben die Sterzinger und die Breslauer Hs. »his ecce«.

Auch anderwärts begegnen die mitgeteilten beiden lateiniſchen Trinkerbeſchreibungen, ſo bei O. Schreger, Studiosus iovialis ed. Täuber 1846 S. 296 und bei den Brüdern Keil, Deutſche Studentenlieder des 17. und 18. Jahrhunderts S. 38. Ebenſo führt Andreas Sutor, Der hundert-augige blinde Argos 1740 S. 244 die Verſe »Ebrius atque satur« an und giebt auf S. 246 folgende gereimte Verdeutſchung des Epigramms »Bis sex credatis«:

Zwölff Geſchlecht voll Schand und Spott.

Der Erſt will groſser Weisheit pflegen,
Die er doch wohl lieſs unterwegen;
Der Ander wie ein wilder Beer
Haut umb ſich, daſs er nit thät leer;
Ein wieſter Frass iſt auch der Dritt,
Friſt Gläſer, Kertzen, anders mit.
Das truncken Ellend weint der Viert,
Daſs ihn doch nüchtern wenig irrt;
Der Fünfft aber in diſer Zahl
Will Bulſchafft pflegen überall;
Der Sechſt verheiſſt auf einen Tag
Mehr, dann er immer laiſten mag.
Der Sibend machet Haar auf Haar,
Ein gantzes Land verwirrt er gar:
Alls, was er hat, verkaufft der Acht,
Daſs ihn hernach offt reuen macht.
Der Neundt zeigt ſich und andern an,
Was er morgen will verſchwigen han.
Der Zehend muß geſchlaffen haben,
Sunſt will ſein Zung auf Staltzen traben.
Der Eylfft ſinget und hat vil Muth,
Gleich wie ein volle Sackpfeiff thut.
Was er hat geſſen, Fleiſch und Fiſch,
Das legt der Zwölfft dem Würth zu Tiſch.

Berlin. J. Bolte.

15. Witteldach (s. XVIII, 13).

1. Das Wariner Kirchenvisitationsprotokoll von 1593 führt pag. XII unter den Einkünften des Pastors an: »Vff den Witteltagh geben auß den Dörffern die Bawleute 12 Eyer. Einn Cossathe 8 Eyer. [Pastor] Kriegt keine Würste noch brodtt, ohne allein 22 ß Wiellgelt, Die Muß er mit dem Cüster theilen.« Ebenso heisst es im Vis.-Prot. von 1642: »Auß den Dorffern gibt ieder Bawman zum Witteltage 12 Eyer, Der Cosate 8. Eyer, [Pastor] Bekombt keine wüerst noch brodt, ohne allein 22 ß. wieelgeldt, die mus Er mit dem Küster teilen.« Neben »Witteltage« ist im Prot. von alter Hand bemerkt »NB wieel oder ostertage«. Das Vis.-Prot. von 1653 hat die Terminsbezeichnung »Witteltag« und die Abgabe des »Wieelgeld« nicht mehr. Heutzutage ist die Eierlieferung zu Ostern fällig.

2. Witteltag wird heutzutage auf dem Lande vielfach der Sonntag Exaudi genannt, weil nach alter Unsitte die kleinen Leute an diesem Tage das jährliche Ausweissen ihrer Wohnungen vorzunehmen pflegen, um sie zu Pfingsten in Stand zu setzen.

Zernin bei Warnow. Friedrich Bachmann.

---

16. sek inmucheln

= »sich dicht einhüllen« ist in Quedlinburg allgemein gebräuchlich. Mit mucheln »heimlich mit einander sprechen«, Vilmar, Kurhess. Id. S. 273, hat dies offenbar nichts zu thun, es ist vielmehr englisch to muffle, »to cover up warmly« zu vergleichen. Hier im Göttingischen ist sek inmummeln (ebenso in Hamburg) in gleicher Bedeutung gebräuchlich.

Northeim. R. Sprenger.

---

17. Zu Laurembergs Scherzgedichten.

II, 373. Tho överdûvelen den schnöden vulen Gast. Braune in seiner Ausgabe übersetzt överdûvelen »überteufeln« und bemerkt: »Komische Neubildung, wol in Hinblick auf v. 362«. Die Bedeutung des Verbs ist offenbar »überwältigen«. Aus Weende bei Göttingen wird mir ein öwerdüweln (bei Schambach fehlt das Wort, auch in Sprengers Nachträgen zu Schambachs Idiotikon, Nd. Jahrb. 6, 27 ff.) in der Bedeutung »jemand übervorteilen, betrügen« mitgeteilt, und in Kattenstedt a. H. giebt es ein ewerdeweln »bezwingen, unterkriegen« und ein deweln in gleicher Bedeutung. düweln und deweln scheinen mir nur mundartlich verschieden. deweln steht sicher für döweln und dies wohl für düweln; in der Kattenstedter Mundart tritt vor -eln oft Vokalverkürzung ein, z. B. riweln von rîben. Aber diese Formen können nicht zu Teufel, altf. diubal, mnd. duvel gehören. Teufel heisst in Kattenstedt mit Anlehnung ans Hochdeutsche deuwel und diwel statt düwel = mnd. duvel, wie es sich noch in düwelsbât, Teufelsbad, erhalten hat. Wenn nun ewerdeweln = öwerdüweln ist, so können auch öwerdüweln und överdüvelen, die ich für dieselben Worte halte, nicht zu mnd. duvel gehören. Ich stelle sie vielmehr zu agf. dûfan (oder zu dubban?), mnd. duven, doven »drücken, niederdrücken«, mnd. Wtb. I, 608, woraus sich einerseits düvelen, düweln, andrerseits deweln (= döweln) entwickelte. Da bei ewerdeweln in Kattenstedt und wie es scheint auch in Weende nur ein persönliches Objekt steht, so zweifle ich nicht, dafs gaft das nhd. Gast (hospes) ist. Anders Sprenger, Nd. Jahrb. 5, 166.

Blankenburg. Ed. Damköhler.

---

18. Wiperive.

Unter den schwer deutbaren Pflanzennamen des Gothaer Arzneibuch erscheint: wypperyve, wypperive und wysperyve 7a, 26. 23a, 24. 24b, 19. 25a, 11. 25b, 21. 26a, 11. 26a, 24. 42b, 31. 46b, 20. 46b, 30. 47a, 16. 52a, 23. 64b, 32. 66b, 4 u. 66b, 8.

Regel konnte die Bedeutung dieses Wortes nicht bestimmen. Dagegen gelang es mir, eine Erklärung zu finden. Entscheidend ist die Stelle 47a, 16., welche im Utrechter Arzneibuch 40a eine Parallele besitzt.

Gothaer Arzneibuch 47a, 18 ff.: Heft eyn vrouwe der achter | bort nicht alzo dat se dar ane ver | sumet wert de neme aquilegen saet myt | den bladen vnde wypperiuen beueritten lorbe | ren jewelkes like vele se dat (sic! für »sede dat«) in olden bere | vnde drinke dat beer so wert se gelozen. Utrechter Arzneibuch (Jahrgang 1889 p. 119): So welich vrowe enes kindes ghenefet er der rechten tit unde vorsumet (40a) wert an er krangheyt dat se dat echtere nicht en hat de neme akeleyen sat unde ok de blade naderwort bevergeylen lorberen des scalmen nemen like vele unde seden it mit olden bere dat scal se sere drinken so wert ere der suke bat.

Darnach würde der erste Teil des Wortes auf Viper = Natter zurückzuführen sein, und die Pflanze ist als Polygonum Bistorta zu deuten.

Bad Neuenahr, Rheinpreufsen. Oefele.

[Vgl. Lübben, Mittelniederdeutsches Handwörterbuch „wipperive". C. W.]

---

19. Humme (s. XVIII, 26 unter 4, 4).

Auch in Mecklenburg wird diese Bezeichnung für die Entzündung der Ohrspeicheldrüse allgemein gebraucht, die Benennung Ziegenpeter dagegen habe ich von plattdeutsch Redenden bisher noch nicht gehört.

Zernin bei Warnow. Friedrich Bachmann.

---

20. Hillebille (s. XVIII, 81).

In den Mitteilungen des Vereins für Erdkunde zu Halle, 1895, S. 156 giebt Kirchhoff an, dafs man am Thüringerwalde noch in unserem Jahrhundert die Hillebille gekannt habe; ferner, dafs noch gegenwärtig in Ostpreufsen auf den gröfseren Gütern die Leute zur Arbeit wie zu den Tagesmahlzeiten durch eine »Klapper« gerufen werden, d. h. durch Anschlagen einer mit zwei Ketten an einem Holzgalgen aufgehängten eisernen Pflugschar mittels eines Hammers. Vom Herrn Oberförster

Schreiber in Blankenburg höre ich, dafs derfelbe im Solling einen Köhler gekannt hat, der vor der Köhlerhütte eine Hillebille hängen hatte und regelmäfsig durch Anfchlagen an diefelbe feinen einzigen Gehilfen zur Mahlzeit rief. Diefer Köhler ftammte aus Wolfshagen am Nordrande des Harzes. Auch auf einen mittelalterlichen Brauch darf wohl hingewiefen werden. Im Iwein V. 299 heifst es:

nu hienc ein tavele vor dem tor
an zwein ketenen enbor:
dâ fluoc er an daz ez erhal
und daz ez in die burc erfchal.

Vergl. dazu die Anmerkung.

Blankenburg. Ed. Damköhler.

21. Zu Gerhard v. Minden, 102, 62 (f. VIII, 45; XVI, 89).

Auf dem Volksglauben beruht auch die 91. Fabel im 2. Buche von Burchard Waldis Efopus: »Von dem Nufsbaum«, für die bisher keine Quelle nachgewiefen ift (Ausg. v. Julius Tittmann I, S. 276). Ein Weib fpricht dem Nufsbaum feine Verwunderung aus, dafs er den Leuten, die ihn »all tag mit fteinen rüttlen, Mit ftangen fchlagen und mit knüttlen«, jährlich fo reiche Früchte bringt. Der Nufsbaum antwortet ihr lachend:

»Frau, wifst ihr nit, was das macht?
Es ift ein alt gemein fprichwort,
Welchs ihr vielleicht wol e gehort:
Man fagt, zart frau, dafs ich und ir
Und der efel, des müllers tier,
Tun ungefchlagen nimmer gut.
Gott geb, was er man uns funft tut.

Northeim. R. Sprenger.

22. Zum Sündenfall.

990 f. las ich Jahrb. XVI, 121:

Ach, duffe appel is fo fote!
Adam, dat is alfo note.

Zu dem Vergleich »fo füfs wie eine Nufs« verweife ich jetzt noch auf Tewefchen Hochtyd, 1. Uptoch (Niederd. Bauernkomödien, herausg. v. H. Jellinghaus S. 210): Süe hebbck nich noch en dropeken Beers im Barde hangen, denn mutck uthlicken, föht iffet, affen Nott.

Northeim. R. Sprenger.

Notizen und Anzeigen.

Beiträge, welche fürs Jahrbuch beftimmt find, belieben die Verfaffer an das Mitglied des Redactions-Ausfchuffes, Herrn Dr. W. Seelmann, Berlin SW., Hagelsbergerftrafse 10, einzufchicken.

Zufendungen fürs Korrefpondenzblatt bitten wir an Dr. C. Walther, Hamburg, Krayenkamp 9, zu richten.

Bemerkungen und Klagen, welche fich auf Verfand und Empfang des Korrefpondenzblattes beziehen, bittet der Vorftand direkt der Expedition, „Buchdruckerei Friedrich Culemann in Hannover, Ofterftrafse 54" zu übermachen.

Für den Inhalt verantwortlich: Dr. C. Walther in Hamburg.
Druck von Friedrich Culemann in Hannover.

Ausgegeben: 5. Mai 1896.

Jahrg. 1894/1895. Hamburg. Heft XVIII. № 6.

Korrefpondenzblatt
des Vereins
für niederdeutfche Sprachforfchung.

I. Kundgebungen des Vorftandes.

1. Programm der Jahresverfammlung.

**Einundzwanzigfte Jahresverfammlung
des Vereins für niederdeutfche Sprachforfchung
in Bremen.**

Montag, den 25. Mai.

Abends von 8 Uhr an: Gefellige Vereinigung in der Halle des Künftlervereins (Eingang von der Domshaide).

Dienstag, den 26. Mai.

9 Uhr: Gemeinfame Verfammlung des Hanfifchen Gefchichtsvereins und des Vereins für niederdeutfche Sprachforfchung im Kaiferfaale des Künftlervereins (Eingang durch das Hauptportal, der Petriftrafse gegenüber).

1) Begrüfsung beider Vereine.
2) Dr. C. Walther aus Hamburg: Zur Erinnerung an Wilhelm Hildemar Mielck.
3) Archivar Dr. von Bippen aus Bremen: Zur Bremifchen Baugefchichte.

11¼ Uhr: Sitzung im Conventfaale des Künftlervereins.

1) Erftattung des Jahresberichtes durch den Vorfitzenden.
2) Gefchäftliches.

Mittwoch, den 27. Mai.

9 Uhr: Gemeinfame Sitzung beider Vereine im Kaiferfaal. Prof. Dr. Al. Reifferfcheid aus Greifswald: Einflüffe des Niederdeutfchen auf die hochdeutfche Schriftfprache.

10½ Uhr: Sitzung im Conventfaale.
Befprechung der ausgelegten niederdeutfchen Handfchriften und älteren Drucke.

Anmeldungen von Mitteilungen und Anträgen bittet der Vorftand an den Vorfitzenden Profeßor Dr. Al. Reifferfcheid in Greifswald zu richten.

Näheres über die Zuſammenkunft in Bremen und über die Zeiteinteilung dort, ſowie über etwa gewünſchte Wohnungsanmeldungen berichtet das beiliegende Geſamtprogramm.

Die Mitglieder und Gäſte unſeres Vereins ſind nach Vereinbarung mit dem Vorſtande des Vereins für hanſiſche Geſchichte zur Teilnahme an den Vorträgen und Feſtlichkeiten dieſes Vereins unter denſelben Bedingungen berechtigt, wie ſie für die Mitglieder und Gäſte des Vereins für hanſiſche Geſchichte gelten. Ein jeder Teilnehmer muſs eine Feſtkarte löſen, für welche der Preis auf eine Mark und fünfzig Pfennig angeſetzt iſt.

Die an der Jahresverſammlung unſeres Vereins teilnehmenden Mitglieder und Gäſte ſind gebeten, ſich in das Album der Jahresverſammlungen einzuzeichnen, welches im Verſammlungsraume aufliegen wird. Ebendaſelbſt werden auch Beitrittserklärungen angenommen.

---

9. Redaktion des Korreſpondenzblattes.

Auch der folgende Inhalt dieſer Nummer 6 hat ſich noch zum gröſsten Theil für den Druck vorbereitet im Nachlaſſe unſeres Dr. W. H. Mielck vorgefunden.

Die zukünftige Leitung des Blattes iſt vom Vorſtand vorläufig mir übertragen worden. Etwaige Beiträge erſuche ich die geehrten Mitglieder an meine Adreſſe: Krayenkamp 9 I, Hamburg, gefälligſt ſenden zu wollen.

C. H. F. Walther, Dr.

II. Mitteilungen aus dem Mitgliederkreiſe.

1. Einige Stammwörter niederdeutſcher Ortsnamen.

Von W. O. Focke in Beiträge zur nordweſtdeutschen Volks- und Landeskunde Heft I. Bremen 1895. S. 48—59.

Dieſen Aufſatz ſchickte mir Mielck am 1. Februar zwecks einer Beſprechung im Korreſpondenzblatt zu. Er beabſichtigt »eine Zuſammenſtellung von ſolchen Stammworten zu geben, die öfter in den topographiſchen Namen des Nordweſtens wiederkehren«. Der Verfaſſer iſt an der untern Weſer ſo wohl bewandert, und beſitzt dabei genug Kenntnis der ndd. Landesſprache, um uns viele Belehrung bieten zu können. Leider hat er unterlaſſen, ſeine Stammwörter wenigstens mit einigen Beiſpielen zu belegen, durch welchen Umſtand dieſelben dem Verſtändnis und einer ſicheren Auffassung vielfach recht fern gerückt ſind. Ich ſtelle zuſammen, was mir als unbekannt oder weniger bekannt aufgefallen iſt, indem ich eine Reihe Bedenken nicht unterdrücke.

angel, Spitze, in Ortsnamen Winkel.

alm, elm »findet ſich oft in Verbindung mit Waldbezeichnungen. Es iſt verkürztes Allmende, Gemeinde, und deutet ſomit auf ehemalige Gemeindewaldungen. Ulmen (elmen) und Linden kommen in den niederſächſiſchen Wäldern nicht vor«. Aber es giebt doch zwiſchen Ems und Weſer eine Menge mit Linde zuſammengeſetzter Ortsnamen und 5 Elmenhorſt, 1 Elmenbrok. Auch in Holſtein iſt Lindeloh nicht ſelten. Vgl. Krauſe über die Namen der Ulme. Kbl. XII, 67 und XIII, 59.

asch »eine wasserreiche Gegend; weist in Zusammensetzungen auf Wasser hin«. In vielen Namen ist asch sicher Esche, Eschengehölz.

band, »Land«. Ist doch zweifelhaft; Bentheim, alt Binitheim, ist jedenfalls mit bent, Binse, gebildet.

bråk, »ein durch Deichbruch hervorgebrachter tiefer Teich« (also nicht der Bruch selber?).

brink, »in den alten Geestdörfern ein freier, öffentlicher Platz, auch wohl trocknes, unbewaldetes Gemeindeland«.

dele-brügge, Bretterbrücke.

büttel, »mit diesem Grundworte werden meist Nebendörfer und spätere Ansiedelungen bezeichnet«.

dung, donk (S. 40). Auch Focke bezeugt, dafs es eine Anhöhe in der Marsch bedeute.

dwa, dwo, »Thon«.

dose wird als hellfarbiger Moortorf definiert.

esch, neutr. »Ackerland«. Schlechthin? Davon soll nach Focke escher (kleiner Spaten) kommen. Meines Wissens wird dies Wort aber äscher gesprochen. Wegen der Aussprache des e ist auch die im Mnd. Wb. gegebene Erklärung von esch aus gotisch atisk unwahrscheinlich.

vahr, f. Zu dem dunkelen Worte bemerkt Focke, es bezöge sich wahrscheinlich auf Versammlungsorte oder Gerichtsstätten.

Rechtern b. Barnstorf wird S. 55 als der Richtstuhl des Hollerlandes erklärt und ähnlich Rechterfeld (?). Die alten Formen sind Rehcderun, 11. Jh. Osnabr. Ukb., und Rahtravelde 890!

Venne ist nach S. 48 besonders Wiesenmoor, was den Uebergang in die nordfriesische Bedeutung »Weide« anzeigen könnte.

fladder wird als schwankendes, schwimmendes Grasland erklärt.

Zu geest mit der richtigen Definition »höheres Land, die Diluvialterrasse im Gegensatz zu Marsch und Moor, in den friesischen Gegenden gast, Anhöhe, auch die künstliche in der Marsch« wird bemerkt, das Wort scheine auf sächsischem Boden erst im Mittelalter gebräuchlich geworden zu sein. Aber Geist b. Wadersloh, Rgb. Münster, ist schon 1050 Gesta; Geeste b. Meppen, im 9. Jh. Gezi, Geсi.

glind, klint »ein gewölbter Abhang«. Sollte glind wirklich diese Bedeutung haben? Vergl. glind und klint im Mnd. Wb.

hall. Die Bedeutung Halle durfte jedenfalls von Focke nicht abgelehnt werden, zumal es an Stellen vorkommt, wo kein Salzgehalt nachweisbar ist.

harrel, gharrel, garrel, waldige Anhöhe. Aber garrel aus ge-hard-el ist doch kaum möglich.

Von helmer, welches Wort in einem älteren Idiotikon als ein jäher Weg bezeichnet war, heifst es: »ein mit Gräben eingefafster, auf die Geest zuführender Marschweg«.

hesse, espe, Zitterpappel. Die Form hesse war bis jetzt unbekannt.

hese, sumpfiges Buschland. Damit wäre die hees, der Buschwald, auch für das Gebiet der untern Weser nachgewiesen. Beispiele fehlen leider.

holm. F. weifs aus seinem Gebiete nur den Upholm auf Borkum anzuführen.

hoop, kleines im Felde liegendes Gehölz (S. 53).

horſt, »Anſiedlung im Walde oder Sumpfe«. Ein Horſt iſt urſprünglich keine Anſiedlung, ſondern »eine Fläche, wo vormals Bäume geſtanden, jetzt aber nur Baumſtümpfe und Geſtrüppe übrig ſind«.

hövede, »Quelle« (S. 45). Aber Bornhöved in Holſtein, alt Burnahovid, iſt Haupt der Quellen. Vielleicht ſind die bremiſchen Namen aus »am bornhövede« verkürzt.

hullen, »löcheriges, mit carex stricta beſtandenes Land«. Nach den Nom. Geogr. Neerlandica 2, 12 iſt hulle, hul = lat. collis.

Für kamp bezeugt auch Focke (S. 54), daſs es vorzüglich durch Wälle umzäuntes Land bedeute, was den Zuſammenhang des Wortes mit kam und mit nordiſch kamp (Hügel) beſtätigt.

loog, Dorf »loge, log kommt in Sachſen nur am linken Weſerufer vor«. Aber weſtfäliſches lage iſt keinesfalls, wie Focke S. 57 meint, damit identiſch.

lede, leithe, »künſtlicher, aber auch natürlicher Waſſerlauf«.

lecht, licht, »links« (S. 48). Dieſe Form ſtatt lucht(ern) wäre ganz neu.

lieve, leive, »ein Fluſslauf«. Was hilft uns dieſe Vermutung? Oder lebt das Wort in dieſer Bedeutung?

loh, »lichtes Heidegehölz aus Eichen, Buchen und Kiefern«. Auch aus Kiefern?

Daſs eine lohne ein Abzugsgraben ſei, wird von Nieberding in ſeiner Geſchichte des Oldenburgiſchen Münſterlandes behauptet. Nach Focke S. 58 giebt es im Bremiſchen auſserdem ein Wort lohne = enger, Weg, Gaſſe, engliſch lane.

marren, marne »ein etwas höherer, meiſt ſandartiger Landſtreifen (ehemaliges Riff) in den Küſtenmarſchen« (S. 46). Damit wäre auch das holſteiniſche Marne und de Marne in den Niederlanden erklärt.

dummer, »Grasſumpf, ſchwimmende Wieſe« (S. 47). Da der Dümmer (See) 965 Diummeri heiſst, auch in Geldern ein Dümmere exiſtierte, ſo iſt die von Focke verſuchte Ableitung von dove (taub) oder von dump falſch.

priele, »Wattenflüſschen«.

roſengarten, »Begräbnisplätze andeutend« (S. 54). Das iſt gewiſs für die zahlreichen Roſengarden, Roſendal u. a. die beſte Erklärung. Dabei iſt roſen wohl Entſtellung aus hrêw (Gerippe) mit einer s-Ableitung. Heino Pfannſchmidt's Erklärung »von den wilden Roſenſträuchern, mit denen man die heidniſchen Friedhöfe umgeben habe«, iſt unwahrſcheinlich, da man im Plattdeutſchen wohl kaum die Hagebutten oder wepen Roſen genannt hat.

Bei ſiel (Ausfluſsthor) wird die merkwürdige Nebenform ſied, ſiedje angeführt (S. 50).

ſchelf, »trockner und erhöhter Platz für das Vieh in naſſem Weidelande«.

ſchier. In Schierenbeck, Scharmbeck (S. 40) iſt ſchier doch wohl nicht »klar«, ſondern ſchieren (ſcheiden, abgrenzen).

Wichtig iſt duur, duder (S. 55) »auf Verſammlungsplätze deutend«. Man hat Duurſtede in Utrecht, Duderſtadt in Oldenburg und in Hannover, silva Dorſtat bei Kloſter Heiningen 1304.

trendel, trent »abgetrenntes Stück, besonders von Waldungen«. Mnd. Wb. trent (Ründung), die ringsumfassende Linie.

wede, wehe, wege, wee, »Wald, Hain« ist nach S. 52 auch in diesen Gegenden häufig; wied ist »Weidengebüsch«.

wees, wesen, »Oker, okeriger Quellgrund, Schlamm« (S. 47). Das Auftreten von wers (links) ist treffend durch Wersebe neben Rechtebe in Osterstade, Werschenrege bei Scharmbeck nachgewiesen (S. 47). Danach wird Wersen, alt Werisun im Tecklenburgischen, Weerselo bei Tubbergen, Wersholthusen 16. Jh. bei Melle, Wersche bei Wissingen, Kr. Osnabrück, Weersche bei Holtwick, Kr. Coesfeld, alt Wirs, te Wers, dies wers (links) enthalten. »Winster (links) scheint nicht vorzukommen«. Jedoch ist eine »finstere Landwehr« im Osnabrückschen sicher eine linke Landwehr.

Ganz unmöglich ist die Erklärung von wapel aus wag-poel (S. 54). Altfries. wapel, Lache, Moor. Ein Wapelbach fliefst in die obere Ems. Die Wapelhorst bei Rietberg heifst 1088 Wapuli.

alpe, alb, elbe, »Flufs, Bach, schwedisch elf« (S. 49). Wie es auch mit elbe stehen mag (sind im Bremischen Flüsse Alb, Elbe nachzuweisen?), Alpe ist urkundlich aus Al-apa entstanden.

bewer, »fliefsendes Wasser« (S. 49). Ist das Wort im Bremischen noch bekannt? Ebenso »Otter, Oder, Flufs, Bach«?

rohr, röhr, »ein fliefsendes Wasser« (S. 49), gehört gewifs nicht, wie Focke meint, zu rögen (rühren).

Der einzige slavische Flufsname im Gebiete der Weser ist die Bomlitz, d. i. die kleine Böhme. Die Bomlitz ist ein Zuflufs der Böhme.

Segeberg. H. Jellinghaus.

---

2. Niederdeutsch in lateinischen Schriften des Jacobus Montanus[1]).

Der Humanist Jacob Montanus, Fraterhausmitglied und Beförderer der Reformation in der Stadt Herford, verfafste manche Schulbücher. Unter diesen: Collectaneorum latinae locutionis opus secundum. Aus den vorangehenden empfehlenden Worten des »Josephi Horlenii Tegenensis Christi sacerdotis ad puerum eloquentiae studiosum« geht hervor, dafs Montanus das Buch auf Ersuchen des Horlenius verfafst hat. Dedicirt hat er es dem Doct. jur. Martin Glode, Syndicus der Stadt Lüneburg.

Die in dem Werke hier und da vorkommenden Uebersetzungen sind sämmtlich niederdeutsch. Von diesen folgen hier unten einige.

macerare = sick vormageren van velen vassten.
recolere conscientiam suam = syne conscientie undersoiken, syne sunde betrachten.
vim afferre = gheweldoliken verkrechtigen.
fideijussor = eyn rijck wairborge.
memoria tenere = gedechtich syn.
somnum afferre = den slaep verwecken.

---

[1]) Vgl. Hoffmann von Fallersleben, Findlinge I (1860), S. 158.

causari contra fautorem suum = murmureren, kroinen, kraken teghen godt, teghen fyne prelaten und overften. eder teghen jemant anders.
immortalem gloriam consequi of scientiam = vernoympt wefen, Seer mercklick unde geleert wefen.
ad extremam maciem peraresceere = fick feer bedroyven, fick feer moyghen, fick moyghen in den dode, fick verfretten myt fanteferen.
ad me pertinet = et behoirt my.
coniectatio existit = et wert gegiffet.

Herford. L. Hölfcher.

3. Niederdeutfch auf dem Gymnafium zu Herford.

In den Schulakten finden fich folgende Notizen.

Im Aktus des Jahres 1761:

Es traten 20 Redner auf. Zum Schlufs dankt Joh. Fr. Grothaus in plattdeutfcher Sprache und tadelt feine Mitfchüler, dafs fie in einer anderen als ihrer Mutterfprache geredet haben.

Aktus 1768:

Fr. L. Consmüller, plattdeutfche Rede: eine weife Vorficht waltet über dem Könige.

1774:

Plattdeutfches Gefpräch über verfchiedene Gegenftände des Medon, der vorher von den Schülern dargeftellt war, zwifchen acht Schülern.

1777:

J. F. Greffel: Erzählung in plattdeutfchen Verfen. Chr. Fr. Pyllmann: Plattdeutfche Rede. Zugleich an zwei Tagen Aufführung des Schatzes von Leffing und des Julius von Tarent.

Herford. L. Hölfcher.

4. Zu Klaus Groth's Quickborn.

Die neuefte Ausgabe des Quickborn, welche den erften Band der gefammelten Werke des Dichters bildet, die 1893 im Verlage von Lipfius und Tifcher in Kiel und Leipzig erfchienen find, ift mit Anmerkungen aus der Feder des Oberlehrers Köfter in Marne verfehen. Obgleich diefelben, wie Groth in der Vorrede mit Recht bemerkt, mit Kenntnis und Sorgfalt abgefafst find, fo bleibt doch einiges zu berichtigen, was hier im Intereffe einer zweiten Auflage gefchehen foll.

I. S. 67, V. 23 (Peter Kunrad)

Dat Lifweh eet man weg, voer Koppweh sleep man,
Un gegen Anwafs hölp en isen Spaden.

Anwafs wird in der Anmerkung durch »Magenleiden« erklärt. Es ift aber vielmehr eine Art Rippenfellentzündung; vgl. Wuttke, Deutfcher Volksaberglauben, 2. Ausg. § 503 und 543. Woefte im Weftfäl. Wörterb. überfetzt es einfach durch »Anwuchs«. Danneil, Altmärk. Wb. S. 6 bemerkt: Das Verbum anwaffen bedeutet im

Passiv eine Art von rheumatischem Gliederschmerz, auch Schmerz im Unterleibe, wogegen dat Strik'n angewandt wird.

I. S. 69, V. 61.

Un achter em de grote dumme Smid,
As Garden seggt: de grote Risenbiter —
Ik meen, ik seeg dat ole Testament
Un Goliath un David hier in Fründschop.

Risenbiter wird in der Anmerkung durch: »Riesenbeisser, Riesenmörder« erklärt. Das richtige ergiebt sich aber aus der Bemerkung des Mnd. Wb. Bd. 3, 488: »Mit risebiter scheint der s. g. grasosse, Ochse, der auf die Weide geht und im Sommer geschlachtet wird, im Gegensatz zum stall- (oder heu-)ossen, der im Winter geschlachtet wird, bezeichnet zu werden«. Uebrigens wird auch Heuosse als Schelte für einen ungeschlachten und dummen Menschen gebraucht.

I. S. 70, 11.

De Docter lach un ok de Paster smuster,
De Vullmach smuster blid un smerri mit.

Wenn hier und zu S. 157, V. 18 smerri durch »schmierig lächelnd« erklärt wird, so trifft dies den Sinn nicht. smerri gehört vielmehr zu ags. smervjan, smerjan, ahd. smerwan, smiran, mhd. smieren (= smielen; vgl. engl. to smile) »lächeln«. Noch heute hat in der Kölnischen Mundart smeren diese Bedeutung. In Ostfriesland gebraucht man nach Stürenburgs Wb. S. 225 schmärig utkiken in der Bedeutung »schmunzeln, hohnlächeln«; auch ist dort: he lacht so schmärig »er moquirt sich, lächelt schmeichlerisch«. In Westfalen gebraucht man nach Woeste S. 243 smêrig kurn für »schmeichlerisch reden«. In der Bedeutung »schmeicheln« wird übrigens schmieren (smêr'n) nicht nur auf niederdeutschem, sondern auch auf mitteldeutschem Gebiet gebraucht. So bemerkt Vilmar im Idiotikon von Kurhessen, 2. Ausg. S. 359, dass es dort der ausschliessliche Ausdruck für schmeicheln, und dieses Wort dem Volke völlig unbekannt ist.

I, S. 188, 25.

De Hönergloben is vœr Küken!
De Voss, de dot is, lett sin Nücken!
He hör nich op son Wiwerklœn',
He harr sin Dag' nich spökeln sehn!

Hönergloben (Aberglauben) erklärt der Herausgeber durch »Hühnenglauben, Riesenglauben« und meint damit wohl den Glauben an Hühnen oder Riesen; allein diese Ableitung ist schon sprachlich unmöglich. Dass an »Hühner«, nicht an »Hühnen« zu denken ist, beweist die in Danneils altmärk. Wb., S. 9, belegte Redensart: Hönerglob'n, wovon de Haon nix wêt (= Äöwerglob'n).

Northeim. R. Sprenger.

5. Der Deutsche in Holland.

Een nieuw Lied.
Op een aangenaame Wys.

1.

Daar kom ik van Dutschland na Holland herin,
Dat is mi so ordig, en ganz na min zin,
Daar vind ik mien Deeren, mien[1]) lieve Scharlott;
Ick wil wel drupp schweeren, [sy] kookt mien een pot.

2.

Daar zal ik dan freeten en soepen ganz vrey,
En zoenen mein liewe Scharlotte daarby,
Dan dansen, en sliepen[2]) op duitsche Manie[r],
Wy loopen dan saamen des nacht aan de Swier.

3.

In Holland do het man veel Honger en Dorst,
In Dutschland do freet men veel Knoblochworst
Und Schinken und Suürkrout en Pankoekenmoes.
Drom hol ik mien Liefjen en breng sy naar Hoes.

Aus einem Druckblatte: ›Te Amsterdam, by J. Wendel. Boekdrukker op de Angeliersgragt‹ o. J. (um 1800). Auf der Berliner Bibliothek Zf. 7592, Bl. 14 b. — Das Lied mag aus einem holländischen Singspiele herstammen.

Berlin. J. Bolte.

6. Loren (s. XIII, 44).

Das Wort heifst im Braunschweigischen, und zwar da, wo die ostfälische Mundart rein gesprochen wird, lônen, bedeutet aber nicht Schöfslinge an Bäumen, auch nicht an Weinreben, sondern die noch ganz zarten jungen Bäumchen selbst. Wo die Kühe in den Wald getrieben werden, achtet man sorgfältig auf, dafs sie nicht dahin kommen, wo Eicheln oder Bucheckern gepflanzt wurden, die jetzt bereits aufgegangen sind: De koie frät't süfs de lônen af. Hieraus erhellt schon, dafs junge Bäumchen gemeint sind, denn auf die Schöfslinge an Bäumen giebt man nichts und hindert kein Vieh, sie abzufressen.

Braunschweig. Th. Reiche.

7. Sund (s. XIII, 44).

Ist auch hier sehr gebräuchlich, und zwar in denselben Redensarten, wie dort in dem bremisch-niedersächsischen Wörterbuche angegeben.

Braunschweig. Th. Reiche.

8. oppe (s. XIII, 30. XIV, 27).

Ob in Westerhausen einst eine Burg stand, auf der der Sohn des Grafen Heinrich zu Blankenburg seinen Sitz hatte, habe ich nicht er-

1) mier. 2) slieper.

mitteln können. Ich finde nur angegeben, dafs die Herrschaft der Grafen von Blankenburg auch Schlofs Westerhausen umfafste. Ztschr. des Harz-Vereins f. Gesch. und Altert. VII, 299. Steinhoff, Geschichte der Graffchaft Blankenburg etc. 1891, S. 27.

Blankenburg. Ed. Damköhler.

9. ergattern (f. XVII, 28).

ergattern, »erreichen, habhaft werden, erwischen«, ist auch in Kattenstedt a. H. üblich. Daneben giebt es ein gattern »fliefsen«, das nur in der Wendung vorkommt de schwêt gattere mek ân liwe runder. ergattern gehört wohl zu mnd. gadderen: der buschoff gaderde menchen man, eyn michel her dat hie gewan. Mnd. Wb. II, 5. Vergl. dazu D. Wb. III, 815.

Blankenburg. Ed. Damköhler.

10. Kickskeckz.

In einer Urkunde vom Jahre 1483 bei Delius, Bruchstücke aus der Geschichte des Amtes Elbingerode. Wernigerode 1813. Zweite Abteilung, p. 29 steht: heft du mick hyr eyn kickzkeckz vor der neszen gebuwet. Gemeint ist damit ein hagen, welcher sich vom Rehhagen bis in die Erdfelder Gemeindewaldung »datt ertfeldesche gemeyne« erstreckte.

Blankenburg. Ed. Damköhler.

11. Wat Leinert nich delt, mot Lenert wol laten (f. XVIII, 41).

Ueber die Bedeutung dieser Redensart, nach der a. a. O. gefragt wird, möchte ich folgendes vermuten: lênen (leinen) heifst niederd. sowohl entleihen als ausleihen. Dagegen bedeutet das Subst. Lêner nur den, der etwas von einem anderen borgt, nicht: der einem etwas borgt. So wenigstens im Gött.-Grubenhagenschen und im Altmärk. Platt (f. Danneil S. 120). Letztere Bedeutung scheint hier Leinert zu haben. Der Sinn wäre dann: »Was derjenige, welcher Geld ausleiht (also reich ist), nicht auszurichten imstande ist, vermag der Arme, der Geld zu leihen gezwungen ist, schon längst nicht«.

Northeim. R. Sprenger.

12. Zu Laurembergs Scherzgedichten.

Zum Beschlufs 95:

Wat einem gelehrden Man geworden is so suer,
Dat wert in groter Meng gebruekt vor Makeltuer,
Dar Marren Allerhands ein halff Pund Speck in packet,
Und vor de Wescherin ein klumken Seep in packet.
Edr windt darin Taback . . .

Jahrb. XV, 91 habe ich Marren Allerhands als Eigennamen erklärt. Aehnlich ist Lischen Allerlei in Klaus Groths Quickborn (Gesammelte Werke. Kiel u. Leipzig 1893, Bd. I, S. 69, 12).

Northeim. R. Sprenger.

13. Lûsebusch (s. XVII, 88).

In Horn bei Hamburg befand sich früher am Ende der vom Bauerberg nach der Hamburg-Wandsbecker Rennbahn führenden Landstrasse, rechts, ein verstecktes, von Gebüsch umgebenes Häuschen, als Bettlerherberge bekannt, welches »de Lusbusch« genannt wurde.

Hamburg. W. Nathansen.

14. Toonbank.

a. In einer Skizze aus Ostpreussen in der Berliner Täglichen Rundschau vom 2. Febr. 1896 gebraucht J. v. Dürow mehrfach ohne weitere Erklärung Tonbank = Ladentisch. Das niederd. Wort scheint demnach dort in die hochd. Umgangssprache übergegangen zu sein. Hier in Northeim, in Quedlinburg und auch in der Altmark ist das Wort unbekannt; ich habe es zuerst aus dem Holländischen kennen lernen. Es kommt von tonen »zeigen«, bezeichnet also den Tisch, auf dem die zu verkaufenden Waren zur Schau ausgelegt werden. Wie ich sehe, kommt es in Bremen als Töne-bank, in Hamburg als Toonbank, in Ostfriesland als Töönbank (s. Stürenburg) vor; in Westfalen (s. Woeste) heisst es einfach de tône. Das Verb. tonen in dieser besondern Bedeutung führen auch Schiller-Lübben 4, 576 in einer Stelle aus Bocholt in Westfalen auf: Een borger to Boecholte, de syn wand up synen venster of buten voer synen hues stapelt unde ten markede toenet, de sal to tollen gheven 12 dt. — Weitere Nachweise über die Verbreitung des Worts wären erwünscht.

Northeim. R. Sprenger.

b. Toonbank ist in Hamburg und Umgegend das einzig gebräuchliche Wort für Laden-, Verkaufstisch. Ohne eine Toonbank könnte man sich überhaupt weder hochdeutsch noch plattdeutsch einen Laden denken. W. H. M.

15. Stige (s. XVI, 74).

Sprenger meint: »Auch der Name des hochgelegenen Harzortes Stiege ist von stigen = aufsteigen abzuleiten«. Das ist richtig, insofern Steig von stigen abzuleiten ist; aber irre leitend, da der Name Stiege zunächst nichts mit dem Verb stigen zu thun hat, sondern Dativ vom Subst. stig ist. In älterer Zeit hiess es to dem Stighe, van dem Stighe und deutet wohl auf einen uralten Pfad (s. Ztschr. d. Harzvereins f. Gesch. und Alterth. III, 352 und 757).

Blankenburg. Ed. Damköhler.

16. Kindeken, künningen als Buttermaſs.

In der bell.-lit. Beilage der Hamburg. Nachr. vom 8. Dec. wird das Werk des Herrn Dr. Ehrenberg: Hamburg und England im Zeitalter der Königin Eliſabeth von Dr. O. R. beſprochen. Es wird dort das Herrn Dr. Ehrenberg unbekannte Maſs für Butter »Kindeken« zurückgeführt auf das holländiſche »kinnetje« = achter Theil einer Tonne.

In dem 1670 in Hamburg bei Georg Rebenlein in zweiter Auflage erſchienenen Buche des Stader Arithmetikers Johann Heinrich Voigt Schreib-Formular etc. heiſst es S. 386 unter der Abtheilung Butter:

1 Tonne Bauchband wiegt 1 S𝔈 (Schiffspfund).
1 Tonne Schmalband wiegt 16 L𝔈 (Lieſspfund).
1 Künningen iſt Achtentheil,
1 halb Künningen iſt Sechzentheil von der Tonne.

In der »Bremer Müntze« (Bremen 1722) S. 71 wird ebenfalls $^1/_8$ Tonne Butter = 1 Künningen bezeichnet, und zwar = $37^1/_2$ 𝔈 und $6^1/_2$ 𝔈 Thara. Zweifelsohne bedeuten Kindeken, kinnetje und Künningen daſſelbe.

Auffälligerweiſe aber kommt die Bezeichnung in der »Wagerolle tho Hamborg«, die mir in einer Abſchrift in einem handſchriftlichen Sammelbande vorliegt, nicht vor, obwohl darin doch von einem Verendeel und Achtendeel ſowohl von den bauchigen wie von den ſchmalen Tonnen die Rede iſt. Leider iſt eine Zeitangabe, wann dieſe Wagerolle beſtimmt ward, nicht vorhanden.

Hamburg. R. Ferber.

---

17. ôverdüweln und deweln (ſ. XVIII, 78 ſ.).

a. Das von Damköhler aus Weende nachgewieſene ôverdüweln »betrügen« geht unzweifelhaft auf den düwel »Teufel« zurück, wofür auſser der Form auch ähnliche Ausdrücke ſprechen, wie das im Brem. Wörterb. I, S. 270 nachgewieſene verdüveln »sich beſtreben, aus wahr falſch zu machen«. Die Verfaſſer bemerken dazu: »Ein nachdrückliches, wohl paſſendes Wort. Denn dies iſt eine Eigenſchaft des Geiſtes, der ein Lügner von Anfang heiſset«. Mit dem deweln »bezwingen« der Kattenſtedter Mundart hat dies düweln jedenfalls nichts zu thun. Auch in Quedlinburg hört man, selbſt hochdeutſch, einen Knaben dem anderen zurufen: »Ich will dich ſchon debbeln!« In niederdeutſchen Wörterbüchern habe ich das Wort bisher nicht verzeichnet gefunden. Ich ſehe darin eine Weiterbildung von ahd. dewen, d. i. dawjan, von dem Lexer im Mhd. Wb. I, 456 bemerkt: »der Grundbegriff iſt auflöſen, consumere, gt. afdôjan, machen, daſs jemand ſtirbt, ags. thavan, solvi«. Auch für die Stelle in Lauremberge Scherzgedichten II, 873 (Tho ôverdüvelen den ſchnöden vulen Gaſt) ſehe ich keinen Grund, von Braunes Erklärung abzuweichen. Bleibt aber dieſe beſtehen, ſo wird ſich gaſt als nhd. Gaſt (hospes) ſchwer in den Zuſammenhang fügen.

Northeim. R. Sprenger.

b. Ueber ôverdüvelen in Lauremberge Scherzgedichten II, 873 hat Damköhler oben S. 78 eine Anmerkung gemacht, die ſich bequem ergänzen läſst durch eine Anmerkung von Reinh. Köhler zur Kunſt über alle Künſte S. 236. Reinh. Köhler weiſt dort auf Stielers Sprachſchatz 1691, Spalte 429 hin, wo es heiſst: »überteufeln contumeliosissimis verbis alicui silentium imponere, conviciis vincere, maledictis concidere aliquem; er hat doch endlich den guten Mann überteufelt tamen ausibus crudelibus et infelici contentione tandem hominem expugnavit«. Zu dieſer klaren Begriffsbeſtimmung paſſen auch die von R. Köhler beigebrachten Belege: er gedenket mich zu überteufeln, Kunſt über alle Künſte 78, 15, und zwei Stellen aus den Schauſpielen der Engl. Komödianten 1 Ee 2b und 5. Ich würde dieſe Stellen hier nicht citiren, wenn ich nicht aus Reinh. Köhlers Handexemplar der Kunſt über alle Künſte weiteres beizubringen vermöchte. Es iſt im Sinne des Verewigten, wenn ich ſeine handſchriftlichen Nachträge über das Wort hier allgemein zugänglich mache. Er verweiſt auf Vilmars Hess. Idiotikon S. 410, wo »überwältigen, übertölpeln« als Bedeutung für »überteufeln« angegeben iſt mit einem Beleg aus Melanders Iocoſeria 1604. Köhlers Litteraturbelege lauten: »darüber (über altes ſchlechtes Fleiſch) machte ſie eine ſchwarze ſaure Brühe und überteufelts mit Pfeffer«, Simplic. ed. Kurz I, 348. »In der böſen und überteufelten Welt«, M. Neander Vom ſeligen Abſterben derer ſo jung in der Jugend ſterben 1588, B II. »Wir vergöttern die Fürſten und überteufeln die Unterthanen«, Joh. Mattheſon. Weim. Jahrb. IV, 164. Man ſieht, daſs Belege auch hochdeutſch nicht fehlen.

Freiburg i. Br. F. Kluge.

18. Seck inmummeln (ſ. XVIII, 78).

»Seck inmucheln« heiſst im Oſtfäliſchen ſeck (ſick) inmummeln. — Mummeln bedeutet: infolge der fehlende Zähne recht lange kauen mit ſtarker Bewegung der Kiefer.

Braunſchweig. Th. Reiche.

Litteraturnotizen.

Stuhrmann, Joh., Das Mitteldeutſche in Oſtpreuſsen. *Progr. d. Gymn. zu Deutſch-Krone.* 1895. *(25 S., 1 Karte).* 4.

In einem Teile des oſtpreuſsiſchen Ermelands (an der Paſſarge) und des angrenzenden Weſtpreuſsens iſt die Mundart bekanntlich mitteldeutſch. Den Umfang und die Grenzen dieſes md. Gebietes beſtimmt der Verfaſſer genauer als es bisher geſchehen war. Auſserdem erörtert er den Urſprung der im Ermeland verbreiteten Bezeichnungen *breslauſch* für das Mitteldeutſche im Kreiſe Heilsberg und *käſelauſch* für das Niederdeutſche in dem angrenzenden Gebiete. Die erſtere Bezeichnung iſt im Gegenſatz zur zweiten gebildet und erklärt ſich aus der ſchleſiſchen Herkunft der erſten md. Anſiedler. Vielleicht iſt auch der Ausdruck *käſelauſch* von einem Ortsnamen, nämlich Mecklenburgs, aus dem die erſten ndd. Anſiedler gekommen ſein ſollen, abgeleitet. In der That giebt es in Mecklenburg drei Orte des Namens Käſelow, auch begegnet die sprichwörtliche Redensart *Dat is einen käselauschen (käselowschen)*, womit man in Goldberg im mittlern Mecklenburg so einen echt plattdeutschen, d. h. mit hd. Sprache unbekannten, von der Kultur nicht beleckten Menschen versteht. Schwierigkeit bereitet eine alte Nachricht, wonach um 1658 in Danzig der Ausdruck *kösligs(chs)* für *käslausch* gebraucht ist. Der Verfasser vermag diesen Ausdruck nicht glatt zu deuten, weder durch einen Ortsnamen, noch durch ein nd. Wort; an klingt *köslisch*, das im Schwetzer Kreise »närrisch« bedeuten soll. Mitteilungen über meckl. Redensarten, welche zur Aufhellung der Frage beitragen könnten, würden dem Verfasser willkommen sein.

Koldewey, F., Geschichte der klassischen Philologie auf der Universität Helmstedt. Braunschweig, Vieweg 1895.

S. 124—129 betreffen Hackmann und seine Ausgabe des Reinke Vos. Die in einem Programme 1709 von ihm angeführten Worte »es sei kein besser Buch nächst der Bibel als dieses«, trugen ihm eine Disciplinaruntersuchung ein, die zu seinen Gunsten deshalb ausfiel, weil der angefochtene Ausspruch nur als Citat aus Morhofs Unterricht von der deutschen Sprache eingeflochten war. Das (S. 128, nota 1) über den Koker gesagte ist aus Korr.-Bl. VI, S. 67 ff., Ndd. Jahrbuch 18, 152 zu berichtigen.

Wrede, F., Die Entstehung der nhd. Diphthonge (mit einer Karte). *Zs. f. dtsch. Alt.* 39, 257—301.

Die mhd. und mnd. einfachen Längen î und û sind bekanntlich nicht nur im Nhd., sondern auch in vielen Mundarten heute in die Diphthonge ei, au, eu verwandelt. Den Gründen dieser Lautveränderung nachspürend, kommt der Verfasser zu dem Ergebnis, dass dieselbe von dem dialektischen Abfall der minderbetonten e in den Ableitungs- und Flexionssilben und dem Einfluss dieses Abfalls auf den Accent der Stammsilbe ausgegangen ist. Wo z. B. in dem Dativ *ise* »dem Eise« das auslautende e abgeworfen wurde, da wurde die verkürzte Dativform *is* zunächst noch nicht dem Nominativ *is* lautlich gleich. Indem nämlich der Auslaut s im Dativ *is* um den Accent- und Zeitwert des abgeworfenen e sich vermehrte, erhielt er eine gedehnte Aussprache. So wird noch heute in gewissen Gegenden an der Aussprache von *hus* »Hause«, *lann* »Lande« u. a. der Abfall eines e erkannt. Eine weitere Entwicklungsstufe ist, wenn der Vokal der Stammsilbe den Accentwert des abgefallenen e übernimmt, mittelbar vom *s* in *is* oder unmittelbar im Hiatusfall in *fri* aus *frie* »freie«. Durch diese Uebernahme erhält er eine circumflektirte oder geschleifte Aussprache. Sie erklärt, wenn in Kiel *brut* »er braut, mnd. bru(w)et«, von *brut* »die Braut, mnd. brut«, sich in der Aussprache unterscheidet oder wo man an der Aussprache von *has* für »Hase« im Gegensatze zu der von *mus* »Maus« (vgl. Mielck Korr.-Bl. XVI, 95) den Abfall eines ursprünglich folgenden e anhört. Der so entstandene circumflektirte Vokal entwickelte sich schliesslich durch Zerdehnung in einen Diphthongen, indem z. B. aus î über îi, éi ei, ai wurde. Wenn dieser Diphthong sich auch in den Formen findet, die kein e verloren haben, wie z. B. im Nominativ »Eis«, so ist hier Analogie oder Systemzwang anzunehmen.

Den Beweis für die von ihm aufgestellte Ansicht führt der Verfasser mit Hilfe der Wenkerschen Karten und ihres Materiales, indem er einerseits die verschiedenen Entwicklungsstufen des Lautwandels aus den deutschen Dialekten belegt, anderseits zeigt, dass dieser Lautwandel nur da begonnen oder zu Ende gelangt ist, wo der Dialekt die Flektions- und Auslautungs-e abgeworfen hat. Im Widerspruch stehen hierzu eigentlich nur zwei Gebiete, das ostelbische Kolonisationsgebiet und das ursprünglich nordthüringische Gebiet an der Saale. Dass gerade und nur diese Gebiete Ausnahme machen, spricht eher für als gegen die Regel. Denn in diesen Gebieten hat eine solche Mischung alter und jüngerer, niedersächsischer und nicht sächsischer Ansiedler stattgehabt, dass schon immer die methodische Forschung in Bezug auf Sprach- und Mundartentwicklung hier Ausnahmeverhältnisse vorgefunden oder vorausgesetzt hat. Eine besondere, nur scheinbare Abweichung bietet die westfälische Diphthongirung, welche von der hier untersuchten wesentlich verschieden ist. Diese hat es mit Diphthongen fallender Betonung zu thun, während die westfälischen steigende Betonung darbieten. Ein litterarischer Nachweis darüber, dass in den diphthongirenden Dialekten die Apocope und Synkope älter ist als die neue Vocalverbreiterung und Diphthongirung, macht den Schluss des Aufsatzes.

Fischer, E. L., Grammatik und Wortschatz der plattdeutschen Mundart im Preussischen Samlande. Halle a. S. Waisenhaus 1896. XXIV, 260 S. Mk. 3,60.

Der im Samlande geborene und in demselben seit langen Jahren als Pfarrer wirkende Verfasser hat als Schüler und später in amtlicher Stellung die Erfahrung gewonnen, dass der Volksschulunterricht in seiner Heimat aufs Empfindlichste dadurch geschädigt wird, dass die Lehrer mit der samländischen Mundart meist nicht genügend vertraut sind. Da die Mundart und die Schriftsprache mit denselben Worten oft wesentlich verschiedene Begriffe verbinden, werde den Worten des Lehrers oft kein Verständnis oder in anderen Fällen eine irrige Auffassung entgegengebracht. Nur die Beherrschung der Muttersprache der Kinder mache es dem Lehrer möglich, sie allmählich zum Verständnis und richtigen Gebrauch des Hochdeutschen zu führen. Seine Arbeit soll dem Volkslehrer eine Handhabe zur Ueberwindung der Schwierigkeit bieten, welche die samländische Mundart allem Schulunterricht entgegenstellt. Dieser praktische Zweck in Verbindung mit dem Umstande, dass der Verfasser kein studirter Germanist ist, erklärt, dass seine Darstellung der Mundart den Forderungen, die man an eine wissenschaftliche Behandlung der Mundart stellt, weder entspricht noch entsprechen will. Er beginnt mit Bemerkungen über die Aussprache, die vom Standpunkt der ostpreussischen Aussprache aus aufgefasst werden müssen, wenn in nhd. »sehen« ein Mittellaut zwischen e und ä und wenn ö als geschlossenes e gesprochen werden soll. Es folgt eine kurze Uebersicht über die den hochdeutschen Lauten entsprechenden samländischen, die leider mit einem groben (Druck?)versehen anfängt, indem bei nhd. a nd. kharsche (aus mnd. kerse) »Kirsche« verzeichnet wird. Den Haupt- und wertvollsten Teil des Buches macht die Formenlehre ans, die nach dem Schema etwa einer lateinifchen Grammatik eingerichtet, fehr reichhaltige Verzeichniffe von Subftantiven mit ihren Pluralformen, Verben mit ihren Temporalformen, Adjektiven u. f. w. bietet. In der Syntax ift befonders auf die vom Hochdeutfchen abweichenden Bedeutungen vieler Wörter hingewiefen. Eine Sammlung famländifcher Sprichwörter, Redensarten und dergl., fowie einige Tiermärchen machen den Schlufs.

Obwohl der Verfaffer feine Mundart für einen befonderen praktifchen Zweck und ohne fprachwiffenfchaftliche Methode dargeftellt hat, ift feine Arbeit doch durch das in ihr eingeheimfte Material auch von wiffenfchaftlicher Bedeutung. Ift fie doch, wenn man von Lehmanns Bemerkungen über die preufsifchen Mundarten in den Preufsifchen Provinzialblättern 1842, S. 5—63 abfieht, die einzige Darftellung eines oftpreufsifchen Dialektes, eines Dialektes, der feither faft eine terra incognita war. Sie ift um fo wertvoller, als der bejahrte Verfaffer aus den Erinnerungen einer weit zurückliegenden Jugend hat fchöpfen können. Vielleicht erklärt diefer Umftand, dafs der Verfaffer die Präteritalformen der ftarken Verba in für heutige Zeit feltener Reichhaltigkeit hat verzeichnen können. Von den vielen Befonderheiten des Dialektes foll hier nur auf folgende hingewiefen werden. Der Dialekt unterfcheidet die drei Gefchlechter, aber Feminina find nur die Subftantiva, welche Perfonen oder Tiere des natürlichen weiblichen Gefchlechtes bezeichnen, Neutra find aufser Ortsnamen nur fubftantivirte Adjectiva und Verba. Faft alle übrigen Subftantiva find männlich, alfo auch z. B. Löd »Lied«, Klöd, Land, Därp »Dorf«, Wef' »Wiefe«, Nef' »Nafe« u. f. w. Ferner wird durch die Diminutivendung ke das Gefchlecht nicht geändert, Vadakhe »Väterchen« ift alfo masc., Muttakhe »Mütterchen« fem. Diefe Zerrüttung des grammatifchen Gefchlechtes, die fich aufserhalb der Provinz Preufsen im Niederdeutfchen nicht wiederfindet, hat eine Art Gegenbild im Holländifchen, wo die genaue Unterfcheidung des Genus dem lebendigen Sprachgefühl verloren gegangen ift und nur durch die Schule erhalten wird. W. S.

Bolte, J., In dulci iubilo. Ein Jubiläumsbeitrag aus der Gefchichte der lateinifch-deutfchen Mifchpoefie. *Feftgabe an Karl Weinhold. (Leipzig 1896)* S. 91—129.

In einer Nachlefe zu der 1854 unter dem gleichen Titel erfchienenen Sammlung Hoffmanns von Fallersleben vereinigt B. 14 lateinifch-deutfche Mifchlieder des 16.—19. Jahrhunderts aus Handfchriften und feltenen Drucken. Aus dem nd. Sprachgebiete ftammt nur Nr. 2a (Trinkfpruch); interessante niederländifche Dichtungen find 1 (Nonnenklage von 1504), 2b (Trinkfpruch), 3 (Schlemmers Tifchgebet), 4 (Der Frauen Paternofter), 6 und 13 (Trinklieder). Angehängt ift ein alphabetifches Verzeichnis aller dem Herausgeber bekannten Stücke diefer Gattung.

Herr Dr. O. Bremer teilt mit, dafs im nächften Hefte der »Beiträge zur Gefchichte der deutfchen Sprache, her. von Sievers«, feine Entgegnung auf Wenker's Schrift »Der Sprachatlas des deutfchen Reiches« (vgl. Korr.-Bl. XVIII, Nr. 3, S. 46) enthalten fein wird.

Notizen und Anzeigen.

Für die Bibliothek der Theobaldstiftung dankend erhalten:

Von Herrn Bibliothekar Dr. P. Bahlmann in Münster i. W.

a. Text der Gesänge, Personenverzeichniss und allgemeine neue Karnevalslieder. Münster. Gedruckt bei Josef Krick.

1) Zu: Graute-Schlemm oder: Sklaverei und Liebe, oder: Wu krieg wi't up? Grosse romantisch-karnevalistische Posse mit Gesang und Ballet in 4 Akten. Münster 1889. 40 S.

2) Zu: Mingelmängel, oder: Die lustigen Weiber von Münster, oder: (L. S.) Laot fafen! Grosse phantastisch-karnevalistische Posse mit Gesang und Tanz in 5 Akten. Münster 1890. 89 S.

3) Zu: Fräulein Minna, oder: Die Hexenkuhle in den Baumbergen, oder: Män nich hastebasten! Grosse romantisch-karnevalistische Posse mit Gesang und Tanz in 4 Akten. Münster 1891. 47 S.

4) Zu: Graf Tucks, oder: Cavalleria rusticana, oder: Spiel di nich up! Grosse karnevalistisch-romantische Ritter- und Räuber-Posse mit Gesang und Tanz in 4 Akten. Münster 1892. 43 S.

b. Text der Gesänge nebst Personen-Verzeichniss zu General Kanlbarsch, oder: Et wärd gothisk! Posse mit Musik und Ballet in vier Akten von der karnevalistischen Abendgesellschaft des Zoologischen Gartens. Münster i. W. 1887. Gedruckt bei Josef Krick. 82 S.

c. Neue Karnevalslieder. Münster 1887. 8 S.

d. Der Prophet Jan van Leyden König der Wiedertäufer. Komische Operetten-Quatrologie in 4 Akten. Text und Musik der karnevalistischen Abendgesellschaft des Westfälischen Zoologischen Gartens in Münster unter Mitwirkung von Prof. Dr. H. Landois (Verfasser des Franz Essing). 5. Auflage. Osnabrück. Verlag von Bernhard Wehberg. 1884. 84 S.

e. Graute Schlemm, oder: Sklaverei und Liebe, oder: Wu krieg wi't up? Grosse romantisch-karnevalistische Posse mit Gesang und Ballet in 4 Akten. Vollständiger Text mit einem Vorwort von Prof. Dr. H. Landois. Münster i. W. Gedruckt bei Josef Krick. 61 S.

f. Klööwerken Slewen. 7 neue Lieder, gedichtet zum 18. Stiftungsfeste des Westfälischen Vereins für Vogelschutz, Geflügel- und Singvögelzucht, anlässlich des historischen Gänseessens im grossen Saale des Zoologischen Gartens am 24. November 1889. Von der Zoologischen Abendgesellschaft. Münster. Gedruckt bei Jos. Krick. 16 S.

g. Bokwaitenjanhinrik met Speck nn Siepeln, eine Pfanne mit 6 neuen Liedern, aufgetragen beim historischen Gänseessen zum 22. Stiftungsfeste des Westfälischen Vereins für Vogelschutz, Geflügel- und Singvögelzucht am 19. November 1892, Abends 7½ Uhr, im grossen Saale des Zoologischen Gartens von der Zoologischen Abendgesellschaft. Münster i. W. Gedruckt bei Jos. Krick. 10 S.

h. Das ausführliche, autographisch vervielfältigte Textbuch zu a 1 und e. 4° 96 S.

i. Das ausführliche, autographisch vervielfältigte Textbuch zu a 2. 4° 117 S.

k. Das ausführliche, autographisch vervielfältigte Textbuch zu: Madame Limousin, oder: Wie häht et ja! Grosse karnevalistische Burlangerie mit Gesang und Ballet in 4 Akten. Text und Musik von der karnevalistischen Abendgesellschaft des Zoologischen Gartens. Münster 1888.

Beiträge, welche fürs Jahrbuch bestimmt sind, beliebe man die Verfasser an das Mitglied des Redactions-Ausschusses, Herrn Dr. W. Seelmann, Berlin SW., Hagelsbergerstrasse 10, einzuschicken.

Zusendungen fürs Korrespondenzblatt bitten wir an Dr. C. H. F. Walther, Hamburg, Krayenkamp 9, zu richten.

Bemerkungen und Klagen, welche sich auf Versand und Empfang des Korrespondenzblattes beziehen, bittet der Vorstand direkt der Expedition, „Buchdruckerei Friedrich Culemann in Hannover, Osterstrasse 54" zu übermachen.

Für den Inhalt verantwortlich: Dr. C. H. F. Walther in Hamburg.
Druck von Friedrich Culemann in Hannover.

Ausgegeben: 18. Mai 1896.

Register*)

von

W. Zahn.

Sachen.

*) Die eingeklammerten römischen Ziffern weisen auf die früheren Jahrgänge.

Wörter*) und Wortbestandteile.

*) ? vor mndd. Wörtern bedeutet, dass diese überhaupt oder nach ihrer Form oder in einer besonderen Bedeutung in Schiller und Lübben's Wörterbuche vermisst werden.

Anzeigen und Besprechungen.

Druckfehler und Zusätze.

S. 13 Z. 18 v. o. lies reiningsköppe statt recningsköppe.
S. 24 Z. 8 v. o. lies Bordesholmer statt Bordelsholmer.
S. 68 Z. 24 u. 36 v. o. lies XVIII statt XIII.
S. 69 Z. 9 v. o. lies XVIII statt XVII und füge nach 28 an: 43.
S. 80 Z. 11 v. o. füge nach Toonbank an: (XVI. 11. 67. XVII. 11).

www.ingramcontent.com/pod-product-compliance
Lightning Source LLC
Chambersburg PA
CBHW031406160426
43196CB00007B/916
9783741173370